Hal A. Lingerman

BEWUSST HÖREN

Musik als Mittel zum Heilen, Entspannen,
Träumen, Aktivieren und Therapieren
für den täglichen Gebrauch

SCHANGRILA

Titel der Originalausgabe *The healing energies of Music*
erschienen bei *The Theosophical Publishing House*
aus dem Englischen übersetzt von Ralph Tegtmeier

Erste Auflage 1984
©Edition Schangrila Verlags GmbH,
Haldenwang
Alle Rechte vorbehalten
Umschlaggestaltung: Wolfgang Jünemann
unter Verwendung eines Fotos von
Detlef Luczyn
ISBN 3-924624-06-2

Printed in Germany

Inhaltsverzeichnis

Vorwort

Ich weiß die verwandelnde Kraft schöner Musik zu schätzen! Ich bin ihr zutiefst verpflichtet, denn sie hat mein Leben bereichert. Musik ist nämlich weitaus mehr als bloße Unterhaltung: Sie ist eine lebenswichtige Nahrung für mich, die mich täglich speist. Ich glaube daran, daß große, sorgfältig ausgewählte und erlebte Musik ein einzigartiges Mittel ist, um zu Heilung, Harmonie und erweitertem spirituellen Bewußtsein zu gelangen.

Was mich betrifft, so bin ich von Beruf Priester, Berater und Lehrer. Bei allen diesen Tätigkeiten hilft mir die Musik, und sie inspiriert mich sowohl auf offensichtliche als auch auf subtile Weise. Alles, was ich über Musik gefühlsmäßig und intellektuell in Erfahrung gebracht habe, habe ich täglich mit anderen zu teilen versucht, je nach Umgebung und Zeit. Der Erfolg war sehr zufriedenstellend, denn ich konnte beobachten, wie andere Menschen dadurch körperlich, emotional, geistig und spirituell gesünder, stabiler, konzentrierter und sensibler wurden. Oft konnte ich mitansehen, wie schöne Musik dazu beitragen kann, die Persönlichkeit mit sich selbst ins Gleichgewicht zu bringen, den Frieden der Psyche zu fördern und Kraft aus der Seele in unserem Inneren und aus dem Unendlichen, das außerhalb von uns ist, zu schöpfen.

Mit diesem Buch möchte ich Ihnen etwas von dem weitergeben, was ich durch große Musik an Erfahrungen und Einsichten gewinnen konnte. Dabei ist die Synthese mein Ansatz: Es soll ein Querschnitt durch verschiedenste Gebiete erfolgen, von der Geschichte über Biographien, Psychologie, Philosophie, Naturwissenschaft, Medizin, Religion und Metaphysik bis zum Studium der Esoterik. Mein eigenes Leben und meine Liebe zur Musik haben mich auf einen eher mystischen Pfad geführt. Im Verlauf meiner seelsorgerischen Tätigkeit habe ich viele orthodoxe, metaphysische und esoterische Gruppen kennengelernt, und überall habe ich ein Stück

Wahrheit gefunden. Ich bin überzeugt von der Reinkarnationslehre, ich glaube an die Existenz von Naturwesen, die durch die inneren Dimensionen des Lebens wirken, an die Realität von Engeln und an die immer und überall präsente Göttliche Gegenwart, die die Menschheit dieser Erde inspiriert. Ich erkenne auch die Helfer Gottes an, die sichtbaren wie die unsichtbaren, mit denen wir durch das Licht verbunden sind, während wir der Sache jenes Höchsten, das wir kennen, dienen.

Jahre des Suchens und Durchdringens rein wortgläubiger oder akademischer Ansichten haben mich nur in meiner Überzeugung bestärken können, daß die Wahrheit viel tiefgründiger und subtiler ist als jeder wortgläubige Ansatz oder Deutungsversuch. Es heißt: „An ihren Früchten sollt ihr sie erkennen." Unser Leben ist mehr als unsere Glaubenssysteme: Welchen Pfad wir auch begehen mögen, stets wird das Leben nach immer größerer Reinheit verlangen — nach der des Verstands, der Gefühle und des Körpers. Disharmonie oder Ungleichgewicht, auf welcher Ebene des Bewußtseins sich diese auch finden mögen, erzeugen immer Angst und Streß innerhalb der Persönlichkeit; und wenn man sie nicht richtig angeht, führen sie zur Frustration, zur Unruhe und zur Krankheit.

Wir leben heute in einer Zeit, die äußerst dynamisch und von schnellen Wandlungen geprägt ist. Viele Menschen empfinden einen Hunger, der nicht nur materieller, sondern auch spiritueller Art ist. Die Menschheit durchlebt innere Pein und Wachstumsschmerzen, die nach einer ernsthaften Hinterfragung bisheriger Vorstellungen, Systeme und Grundannahmen verlangen. Neue Energien und Gedanken-Samen lassen immer mehr Einzelmenschen erkennen, daß dieser Planet als Teil von Gottes Kosmos auf eine weitaus umfassendere und großartigere Weise in den allgemeinen Lebensstrom integriert ist, als wir es mit unseren fünf Sinnen zu erfassen vermögen. Wir sind im Begriff, höhere Sinne der Intuition und der Einsicht zu entwickeln, die uns in die Zukunft des kommenden Wassermannzeitalters führen werden — in ein Zeitalter vermehrter Brüderlichkeit und liebevollen guten Willens.

Es gibt Menschen, die heute eine pessimistische und fatalistische Haltung einnehmen, wenn es um die Zukunft der Menschheit geht. Ich ziehe es vor, unsere Epoche als eine dynamische Chance zur individuellen und planetaren Transformation zu betrachten. Jetzt ist es an der Zeit, die Ärmel hochzukrempeln, sich zu engagieren und für eine Sache zu arbeiten, die größer, die mehr ist als unser eigenes Vergnügen oder als unser bloßer persönlicher Vorteil. Wenn es genügend Menschen gibt, die in Netzwerken des Lichts und der gebeterfüllten Aktivität zusammenarbeiten, wird dies einen gewaltigen Unterschied machen, was die Zukunft der Menschheit angeht: Jedes Leben, das dem Dienen und dem guten Willen gewidmet wird, kann dazu beitragen, eine Reinigung zu bewirken und eine gesündere Richtung einzuschlagen.

Ich glaube, daß die Musik ein solcher Katalysator zum Guten sein kann. Die Musik stellt ein extrem wichtiges Instrument des Göttlichen dar. Wird sie weise und effektiv angewandt, so kann sie den Menschen in Einklang mit den höheren Quellen der Liebe und der Kraft bringen, wodurch sein Charakter und sein Zielstreben größere Festigkeit erhalten, und sie kann auch seinem Leben auf Erden einen größeren spirituellen Sinn verleihen.

Ich möchte den vielen Freunden danken, die mir beim Schreiben dieses Buchs behilflich waren und mich inspiriert haben: allen voran meinen Eltern, die stets meine Liebe zur Musik gefördert haben, ferner Paul M. und Paul G. Traudl, Marge und Elden, Stan, Elsie, Lynn, Dr. Dika Newlin, Jerrie, Ken, Trudy, Helen, Walter, Lucy, Joy, Clare und Ben. Besonders dankbar bin ich Rosemary, meiner wunderbaren Frau, deren Güte und liebevolle Freundschaft mein Leben jeden Tag aufs neue bereichern; und ich danke auch Rev. Flower A. Newhouse, der spirituellen Lehrerin und christlichen Mystikerin, deren Sensibilität für die Musik und die Natur mir manch wertvolle Einsichten beschert haben, von denen einige auch Eingang in dieses Buch fanden. Dank auch an Dr. John Diamond, dessen Buch *Der Körper lügt nicht* viele meiner eigenen Ergebnisse bestätigt hat. Schließlich möchte ich auch Dr. Karl Haas meinen Dank aussprechen, der mich mit seiner höchst aufschlußreichen Radioreihe über die Musik der großen Komponisten sehr inspiriert hat.

Der Durchschnittsmensch ahnt kaum etwas von den Kräften, die mit Hilfe der Musik auf die Erde gelenkt werden können.

Doch die Zeit naht mit Riesenschritten, da der Mensch seine Musik mit derselben klugen Sorgfalt und Kenntnis aussuchen wird, mit der er heute seine Nahrung auswählt. Ist diese Zeit erst angebrochen, wird die Musik zu einer Hauptquelle der Heilung werden, sowohl für individuelle als auch für gesellschaftliche Leiden, was der menschlichen Evolution wiederum eine gewaltige Beschleunigung verleihen wird.

CORRINE HELINE, *Esoteric Music*

Diese Musik, die mich ständig umgibt,
    unaufhörlich, unanfänglich —
doch, lange ungeschult, hörte
    ich nicht;
nun aber höre ich den Chor ·
    und bin entzückt; ...
Ich höre nicht nur die Wogen des Klangs —
    ich bin
    bewegt von den feinen Bedeutungen,
lausche den verschiedenen Stimmen,
    wie sie sich hinein schlängeln und hinaus,
    ... jetzt, glaube ich, beginne ich
sie zu begreifen.

    ... jetzt, glaube ich, beginne ich
    sie zu begreifen.

WALT WHITMAN, *Grashalme*

Einleitung

Musik ist die universale Sprache.
Richard Wägner

Schall und Licht beeinflussen jeden Teil unseres Lebens. Die Art und Weise, wie wir auf diese beiden großen Universalkräfte reagieren, bestimmt auch wesentlich mit über unsere Gesundheit und unser Glück. Deshalb ist es auch von äußerster Wichtigkeit zu lernen, wie man sinnvoller mit Schall und Licht umgehen kann, damit ihre Energien in uns und unsere Umgebung hineinströmen können, um unser Leben mit Freude, Vitalität und einem klaren Sinn zu erfüllen.

Wir leben *inmitten von Musik!* Das Universum ist eine Klangharmonie aus vielerlei Geräuschen und Klängen — nämlich die der vielen Leben, die miteinander in Beziehung treten und gemeinsam vibrieren, während sie das große Schweigen ausfüllen. Auch Ihr Leben läßt sich so sehen: Entweder es trägt zu dieser schöpferischen Harmonie bei, oder es erzeugt einen Mißklang. Entweder macht man Musik oder Lärm! Musik ist der positive Pol des Klangs; ihre Rhythmen und Melodien sind ein Echo der ewigen Harmonien der Himmel. Insofern ist Musik also auch ein Spiegel der Resonanz des Heiligen: Sie öffnet Transparenzen in unserem Inneren, erweitert unseren Horizont und hilft uns dabei, ein Gefühl für das zu bekommen, was schön und inspirierend ist. Große Musik nährt uns; sie wirkt immer kräftigend, weil sie uns in Einklang mit mächtigen Wogen der Lebensenergie bringt, sowie mit der unergründlichen Quelle allen Gutens.

Lärm ist das genaue Gegenteil von Musik — „wild gewordener Klang", dessen Wahnsinn tatsächlich eine Nicht-Verbindung ist, nämlich seine Unfähigkeit, Zustimmung oder Harmonie mit dem Universum zu finden, innerhalb dessen er sich bewegt. Große Musik löst das Chaos auf dynamische Weise auf; sie bringt Frieden, Schönheit, Synthese und Transformation. Der Lärm hingegen betont die Trennung, die Häßlichkeit und die Verzerrung. Je nach unseren tiefsten Wünschen, und abhängig von unserer Sensibilität, werden wir jene Klänge wählen, die für uns am besten sind.

Wir kennen überlieferte Geschichten, die davon berichten, wie geübt die Alten darin waren, die Musik als Kunst der Heilung anzuwenden. Für sie stellte die Musik keine bloße Unterhaltung dar; sie war vielmehr auch eine Quelle der Gesundheit, deren Akkorde des Rhythmus und der Melodie den menschlichen Organismus harmonisieren und in ein neues Gleichgewicht bringen konnten, indem sie alle Verunreinigungen fortspülten. Manly P. Hall, ein überaus vielseitiger Schriftsteller, der sich mit esoterischen Traditionen befaßt, berichtet von einem Vorfall im alten Griechenland, bei dem ein in Rage geratener Mann mit gezücktem Schwert auf seinen Gegner zusprang, bereit, ihn auf der Stelle zu töten. Plötzlich schlug ein „weiser Pythagoräer", der die Situation erkannte, einen Akkord auf seiner Leier. Sofort verließen alle Wut und aller Haß den Angreifer, und er wurde sanft wie ein Lamm.

Pythagoras von Samos wußte um die Arbeit mit Tönen. Er lehrte seine Schüler die Wirkungen bestimmter musikalischer Akkorde und Melodien auf den menschlichen Organismus. Die richtige Tonfolge, auf einem Instrument gespielt, kann, wie er vorführte, Verhaltensmuster verändern und den Heilungsprozeß beschleunigen.

Im Alten Testament lesen wir ebenfalls von der Macht und vom therapeutischen Wert schöner Musik. König Saul wurde von einem „bösen Geist" geplagt. Man riet ihm, seine Knechte loszuschicken,

„daß sie einen Mann suchen, der auf der Harfe gut spielen kann, damit er mit seiner Hand darauf spiele, wenn der böse Geist Gottes über dich kommt, und es besser mit dir werde."
1. Samuel, 16,16

Saul sandte nach David, der „Gnade gefunden vor seinen Augen", und als dieser vor dem König auf seiner Leier spielte, hatte dies folgenden Erfolg:

„ ... nahm David die Harfe und spielte darauf mit seiner Hand. So wurde es Saul leichter, und es ward besser mit ihm, und der böse Geist wich von ihm."
1. Samuel, 16,23

Diese Beispiele machen deutlich, daß die Alten die Kraft und den Wert schöner Musik spürten und wußten, wie sie mit ihr Harmonie und Wohlergehen erzeugen konnten. Auch heute können wir einmal mehr die therapeutischen und spirituellen Möglichkeiten großer Musik wiederentdecken.

Im Verlauf meiner Arbeit als Lehrer, Ratgeber und Seelsorger habe ich oft beobachten können, wie die Musik zu einem gewichtigen Faktor der Veränderung und Verbesserung wurde. Bestimmte Musikstücke konnten, wenn sie zur rechten Zeit und mit Geschmack ausgewählt wurden, viele Beziehungen und Partnerschaften vertiefen und zu einem besseren gegenseitigen Verständnis beitragen. Indem diese ausgesuchten Stücke die Menschen durchströmten, konnten sie helfen, den Herzrhythmus und das Nervensystem zum Besseren zu verändern, und sie haben auch eine tiefere Entspannung, konstruktivere Lebenseinstellungen und eine größere Bereitschaft, zuzuhören und sich für neue Fingerzeige zu öffnen, gefördert und erweckt. Gleichzeitig konnte ich auch beobachten, wie bestimmte ausgewählte Kompositionen das Eingestimmtsein, das Verhalten und sogar die Produktivität verwandelten. Ich erinnere mich an zahlreiche Patienten in Pflegeheimen, die reglos und stumpf in ihren Sesseln saßen, bis sie plötzlich von einem bestimmten Musikstück durchströmt wurden. Da begannen sie plötzlich in die Hände zu klatschen, zu lächeln, zu summen, zu singen, sich miteinander zu unterhalten und mit den Füßen den Takt zu schlagen. Ein einziges, sorgfältig ausgesuchtes Musikstück kann die gesamte Atmosphäre mitsamt allen ihren Verhaltensmustern ändern. Dr. John Diamond, ein bekannter Mediziner und Forscher auf dem Gebiet der Auswirkungen von Musik auf das menschliche Leben, hat diese Tatsache in seinem Buch *Der Körper lügt nicht* veranschaulicht:

Es gibt zahlreiche Möglichkeiten, diese Ergebnisse auch auf die Arbeitswelt zu übertragen. Ein Beispiel: In einer Fabrik für hochempfindliche elektronische Geräte, in der die Arbeit Konzentration und einen klaren Kopf erfordert, wurden die Arbeiter ständig von Musik berieselt, zum großen Teil von Rock-Musik. Auf Empfehlung wechselte die Verwaltung die Musikrichtung und stellte zu ihrer Freude einen sofortigen Anstieg der Produktivität und eine ebenso erfreuliche Abnahme der Fehlleistungen fest, obwohl die Angestellten ihre Un-

zufriedenheit über die Absetzung ihrer Lieblingsmusik laut-
stark zum Ausdruck brachten.

Solche und ähnliche Erfahrungen sind von großem Wert für unser Leben. Vor allem in Zeiten des Streß und der erhöhten Anforderungen lassen sie uns an die heilenden Energien der Musik denken, wie auch daran, daß Musik dazu dienen kann, in unserer Arbeitsumgebung Harmonie und Klarheit zu schaffen, was natürlich
ebenso für unser Heim, unsere Freizeit und für jeden Ort gilt, an dem
wir uns aufhalten. Ich verwende das Wort „Heilung", um damit das
Gleichgewicht und die Integration aller Einzelbestandteile einer
Persönlichkeit nahezulegen. Klug eingesetzt, kann die Musik dabei
helfen, den Körper, die Gefühle und die Denkmuster innerhalb der
Persönlichkeit zu reinigen und zu klären. Darüber hinaus kann Musik den Zuhörer für die tieferen spirituellen Dimensionen der Kraft
in seinem Inneren und in seiner Umgebung öffnen.

Dieses Buch soll Ihnen helfen, für sich *die* große Musik zu entdecken und selbst zu erfahren, wie Sie sich ihre kraftvollen, inte-
grierenden Strömungen zunutze machen können, damit Ihr Leben
zu einem tieferen kreativen Einklang mit den heilenden Kräften des
Klangs und des Lichts findet, die dieses Universum lenken.

Ich habe festgestellt, daß große Musik immer inspiriert ist. Auf
ihre Art ist sie unsterblich; ihre einzigartige Essenz überwältigt jeden persönlichen Geschmack und alle eigenen Vorlieben, so daß sie
ihre Zuhörer wie ein Lebenselixier durchströmt und sich Zutritt zu
Bereichen verschafft, sich also Türen öffnet, die anderen verschlos-
sen bleiben. Oft beeinflußt große Musik die Menschen auf therapeutische Weise, allen vorhergegangenen Konditionierungen, Meinungen
oder Erfahrungen zum Trotz. Und schließlich vermittelt wahrhaft
unsterbliche Musik, die größer ist als ihr besonderer Stil oder die
historische Epoche, in der sie komponiert wurde, eine dauerhafte,
beständige Essenz, die jede Generation aufs neue anspricht.

Ich erinnere mich, wie ich vor einigen Jahren einmal einem
Freund in New Jersey eine Reihe ausgesuchter Musikstücke vorspiel-
te. Als er diese Musik zum ersten, ja sogar noch als er sie zum zehn-
ten Mal hörte, machte er sich ständig über sie lustig. Er bezeichnete
sie als „bizarr, ausgeklinkt und viel zu fremdartig". Auf einer unter-
schwelligen Ebene muß sie ihn jedoch sehr gereizt haben, da sie
solch starke emotionale Reaktionen in ihm auslösen konnte. Er

kehrte schon bald wieder bei mir ein und bat mich, ihm mehr von „diesem komischen Zeug" vorzuspielen, was ich auch gerne tat. Nach und nach begannen die Klänge des Symphonieorchesters ihn zu faszinieren, die so viele verschiedene Melodien miteinander verwoben. Die Klangfarben und Schallfülle verschiedener, miteinander verschmelzender Instrumente schlugen ihn in ihren Bann. Besonders hatten es ihm die Saiteninstrumente und die mächtigen Crescendi der Bläser und Pauken angetan. Ich merkte, daß er sich zum ersten Mal in seinem Leben einer Musik wirklich voller Konzentration und mit ganzer Seele hingab. Während er bei früheren Besuchen stets nervös im Zimmer auf und ab geschritten war, nahm er diesmal lieber Platz. Seine Atmung veränderte sich, und er wurde introspektiver — ja sogar meditativ. Bis zum Jahresende hatte er sich über zweihundert neue Schallplatten gekauft, überwiegend „dieses bizarre Zeug". Später schrieb er mir, wie ihn einige dieser Kompositionen dazu inspiriert hatten, einen Gedichtband zu schreiben. Er schilderte mir auch, daß er sich inzwischen anders fühle: „ ... wesentlich zentrierter, im Einklang mit den Dingen und an ihnen auch viel interessierter als früher." Ich konnte auch beobachten, um wieviel sinnvoller er mit seinem Beruf umging und sich seine Arbeitsumgebung aussuchte. Die nährenden Kräfte der Musik, die er für sich entdeckt hatte, übertönten alle vorhergehenden Erfahrungen und Geschmacksmuster. Die Musik hatte eine tiefliegende Schicht in seinem Inneren zum Leben erweckt und seine Reaktionen auf das Auf und Ab des täglichen Lebens beeinflußt. Sie hat ihm dazu verholfen, stärker in Einklang mit seinem Lebenspfad zu kommen, und noch heute weiß er von großer Musik zu zehren.

Das höchste Ziel des Lebens ist die völlige und bewußte Vereinigung mit Gott. Je mehr wir in unserem Leben die große Musik pflegen, um so stärker können wir uns in Einklang mit den unendlichen Quellen der Kraft und Lenkung des Schöpfers bringen. Eine solche Musik wird uns stärken, damit wir unsere irdischen Ziele genauer bestimmen und auch erreichen können. Freunden Sie sich mit großer Musik an, und Sie werden sehen, wie zahlreiche Gebiete Ihres Lebens aufzublühen beginnen. Hier sollen nur einige wenige Beispiele für das gegeben werden, wozu Musik fähig ist. Sie kann nämlich:

— die körperliche Vitalität erhöhen und Erschöpfung und Trägheit lindern;

- Stimmungen beeinflussen, Ängste und Verspannungen beruhigen und lösen und die Gefühle erheben;
- das Denken konzentrieren, Ziele in klarerem Licht erscheinen lassen, Mut und Durchhaltevermögen wecken;
- Partnerschaften vertiefen, Freundschaften bereichern;
- Kreativität und Sensibilität anregen;
- Charakter und konstruktives Verhalten bestärken;
- Gottesbewußtsein erweitern, wie auch die Horizonte spirituellen Eingestimmtseins.

Wir wurden alle als Gleiche erschaffen, doch jeder von uns wird in ein Leben hineingeboren, das von einem anderen Temperament, einer anderen Persönlichkeit und von anderen Neigungen zur Harmonie geprägt wird. Indem wir lernen, unseren Weg mit Unterscheidungsvermögen auszuwählen und miteinander zu teilen, streben wir einem vollkommeneren Ausdruck der Göttlichen Gegenwart entgegen, erfüllen wir damit unser Person-Sein. Oft spüren wir vielleicht das Licht in unserer eigenen Mitte und jenseits von uns, das unsere blinden Flecken ausfüllt und unser Ungleichgewicht wieder ins Reine bringt. Manche Kompositionen können uns mit ihren heilenden Energien durchfluten und uns dabei helfen, das Lichte zu betonen; sie erinnern uns daran, daß wir uns auf das Beste in unserem Inneren konzentrieren sollen, das nämlich Gottes ist, während wir uns jenen Gebieten zuwenden, die der Berichtigung und der Überwindung bedürfen. Suchen Sie Musik, welche Ihr Wohlergehen erhöht und Häßlichkeit und Chaos transformiert. Musik kann Sie zu Taten und Bewußtseinsebenen führen, die ebenso schön sind wie Ihre größten Träume und Lebensziele.

Im Anhang dieses Buchs findet sich eine ausführliche kommentierte Liste mit Beschreibungen und Empfehlungen therapeutisch wirksamer Musik. Die Liste enthält den Komponisten, den Dirigenten oder Solisten und die Bestellnummern jener Aufnahmen, die mir persönlich am meisten geholfen haben. Diese Empfehlungen bestimmter Fassungen und Interpretationen sind das Ergebnis von über zwanzig Jahren sorgfältiger Forschung. Mit diesen Angaben können Sie jedes Stück leichter ausfindig machen, wenn Sie es sich beschaffen möchten. Vergleichen Sie auch verschiedene Aufnahmen einunddesselben Stücks um jene Energien, Schattierungen und Interpretationen herauszufinden, die Ihnen am meisten helfen.

1.
Sie und die Musik – eine engere Beziehung

Jedesmal, wenn wir schöne Musik hören, wählen wir einen Eindruck, um ihn in die Harmonie unserer Entfaltung hineinzuweben.

F. A. Newhouse

Wie tief reicht Ihr Musikempfinden? Wieviel geben Sie von sich selbst in das Erlebnis der Musik hinein? Je mehr Sie sich der Musik hingeben, um so mehr Kraftschwingungen werden Sie durchwallen. Wenn Sie sich großer Musik mit einem offenen Herzen, einem willigen Geist und einem entspannten Körper nähern, wird sie in Sie eindringen und Sie erneuern. Große Musik bringt Ihnen heilende Kraftströme und elektrische Aufladungen, doch diese können nicht in Sie eindringen, um Sie zu beleben, wenn Sie zerstreut, verspannt und widerwillig, kritisch, undankbar oder schlecht vorbereitet sind.

Weil unsere Einstimmung mangelhaft ist und wir zu zerstreut sind, entgehen uns manchmal die schönsten Dinge im Leben. Wie ein Dichter einmal schrieb: „Die Engel kommen uns besuchen, und wir erkennen sie immer erst, nachdem sie wieder gegangen sind." Wenn Sie sich die Zeit nehmen, sich *vorher* auf Ihre Musik vorzubereiten, wird sie Sie nicht nur umspielen, sondern sie wird vielmehr erst *durch Sie* spielen. Indem Sie lernen, sich besser zu entspannen und sich innerlich an die gehörten Melodien anzuschließen, erfahren Sie auch die ganze Kraft und Schönheit großer Musik.

Nehmen Sie eine bequeme Körperhaltung ein, sei es nun in Ihrem Lieblingssessel/ auf Ihrer Lieblingscouch, oder legen Sie sich einfach auf den Boden. Wenn Sie sich im Freien befinden sollten, können Sie sich ins Gras legen oder sich entspannt mit dem Rücken gegen einen Baum lehnen. Beachten Sie folgende zehn Punkte, um sich auf eine tiefergreifendere, sinnerfülltere Musikerfahrung vorzubereiten.

Vor der Musik

1. Suchen Sie einen Augenblick die Stille.
   Sprechen Sie mit Ihrem Körper; sagen Sie allen verspannten Körperteilen, sie sollen sich lockern und lösen.
   Sprechen Sie mit Ihren Gefühlen; sagen Sie ihnen, sie sollen sich beruhigen.
   Erkennen Sie die Göttliche Gegenwart, innerhalb derer Sie der Musik lauschen werden.
   > Vielleicht möchten Sie sich auch mit einem Willenssatz oder einem Vers innerlich zentrieren, z.B.: "Sei stille und wisse, daß ich Gott bin."

   Achten Sie darauf, daß diese Übung kurz, schlicht und freudig durchgeführt wird.
2. Seien Sie dankbar für die Musik, die Sie hören werden. Sagen Sie ruhig „Danke!".
3. Geben Sie sich der Musik hin. Versuchen Sie, sich für die Musik zu öffnen.

Während des Hörens

4. Lassen Sie all Ihre Spannungen in die Musik hineinströmen. Versuchen Sie zu spüren, wie die Musik Sie aus allem Negativen und aus aller Verspannung herauszieht.
   Versuchen Sie, dort, wo Sie Blockaden haben, eine Öffnung zu visualisieren.
   Atmen Sie tief durch und nehmen sie die Musik in sich auf. Lassen Sie völlig los.
5. Spüren Sie, wie die Musik Sie umarmt und innerlich ausfüllt.
   Lassen Sie alles Verlangen fahren, die Situation beherrschen oder kontrollieren zu wollen.
   Öffnen Sie sich den heilenden, belebenden Strömen der Melodie, die in Sie eindringen. Begeben Sie sich ins Innere des Klangs hinein.

6. Geben Sie sich der Musik hin. Genießen Sie es, sich mit der Musik treiben zu lassen.
7. Seien Sie erfüllt von Freude und Bewunderung.

Nach der Musik

8. Spielen Sie die Musik nicht zu lange ab.
9. Nehmen Sie sich Zeit, die Musik in sich aufzunehmen. Bleiben Sie einige Minuten still sitzen, nachdem die Musik zu Ende ist.
10. Sofern dies angemessen sein sollte, verbinden Sie das Musikhören mit anderen Tätigkeiten, z.B. dem Führen Ihres Tagebuchs, Malen, Tanzen oder Bewegung; Sie können aber auch Routinedinge wie Hausarbeit, Kochen oder Verkaufstätigkeit im Geschäft o.a. dabei erledigen.

Bevor Sie auch nur der ersten Note lauschen, sollten Sie genau darauf achten, *wo* Sie die Musik zu hören gedenken, denn das macht einen gewaltigen Unterschied aus. Ist die Umgebung, in der Sie Musik hören möchten, schön? Nehmen Sie sich die Zeit, Ihre Umgebung für die Erfahrung der Musik möglichst optimal vorzubereiten. Beachten Sie dabei folgende vier Ratschläge:

1. Erleben Sie die Musik möglichst an einem schönen Ort.
   Vermeiden Sie Unordnung, Häßlichkeit und Dunkelheit.
   Reinigen Sie die Atmosphäre, bringen Sie die Farben zum Leuchten und suchen Sie das Licht.
2. Spielen Sie Ihre Musik an einem ruhigen Ort ab.
   Versuchen Sie, störende Außengeräusche und Ablenkungen so weit wie möglich auszuschalten.
   Stellen Sie den Fernseher ab und vermeiden Sie das laute Summen elektrischer Haushaltsgeräte.
   Lassen Sie Ihre Musik aus der Stille hervortreten, oder lauschen Sie der Musik in der Natur. Machen Sie sich offen für die Klänge der Natur — Vogelgezwitscher, Regenprasseln, das Rauschen von Baumwipfeln, Bächen, Meereswogen und Brisen —, während diese sich mit den Melodien der Musik vereinen, um Sie zu erheben und Ihnen eine Verbindung zum Unendlichen zu bescheren.
   Stellen Sie fest, welche Lautstärke für Sie die optimale ist.

3. Kaufen Sie sich eine gute Musikanlage. Achten Sie darauf, daß Ihre Stereo- oder Musikanlage Lautsprecher hat, die die Musik klar und ohne große Verzerrungen wiedergeben. Suchen Sie Ihre Geräte sorgfältig aus, nachdem Sie einige Ihre Lieblingsstücke auf ihnen abgespielt haben. Vertrauen Sie Ihren eigenen Ohren. Vergleichen Sie viele verschiedene Lautsprechersysteme, bevor Sie sich entscheiden. Kaufen Sie nicht unbedingt nur den Markennamen oder die lautstarke Werbung!

4. Pflegen Sie Ihre Anlage, Ihre Bänder und Schallplatten sorgfältig. Reinigen Sie die Platten, wenn sie staubig geworden sind. Benutzen Sie keinen Stapler, sondern spielen Sie die Platten nacheinander ab. Reinigen Sie regelmäßig die Tonköpfe des Bandgeräts und entstauben Sie vorsichtig die Nadel.

Soll die Musik therapeutischen Wert haben, dürfen Sie beim Hören nicht kritisch dazu Stellung nehmen. Wenn Sie ein unordentlicher, nervöser Zuhörer sind, werden Sie keine Gipfelerlebnisse dabei haben. Die Qualität verschiedener Interpretationen und Pressungen kann recht unterschiedlich sein. Suchen Sie sich also Aufnahmen, mit denen Sie leben können; lieben Sie diese bedingungslos für all das, was sie Ihnen anzubieten haben. Betonen Sie stets den *Wert* der Musik, nicht ihre Mängel. Lauschen Sie „hinter" den Noten auf Untertöne, auf die umspannenderen Melodien und Archetypen, die der Komponist vielleicht „gehört" und teilweise durch sein Werk ausgedrückt hat. Begeben Sie sich auch in die Stille zwischen den Tönen. Eine solche Einstellung der Offenheit und Dankbarkeit erweitert Umfang und Tiefe Ihrer musikalischen Erfahrungen erheblich. In einer Atmosphäre freudigen Entgegennehmens können die heilenden Schwingungen großer Musik leichter Zutritt zu Ihrem Inneren finden, um Ihnen die größtmögliche Freude und Erbauung zu schenken.

Entdecken Sie die großen goldenen Augenblicke der Musik und stellen Sie diese zu den heilsamsten und wertvollsten Sequenzen zusammen, die Ihren verschiedensten Bedürfnissen entsprechen. Benutzen Sie die Listen in diesem Buch und auch die weiteren Anregungen im Anhang, um zu der Musik zu finden, die für Sie genau die richtige ist.

ANMERKUNG: Auf Grund von gründlichen wissenschaftlichen Forschungen sind Dr. John Diamond und andere zu dem Ergebnis

gekommen, daß die in jüngster Zeit entwickelten Digital-Aufnah-
men, die von Computern produziert werden, noch keinen therapeutischen Effekt erzielt haben. Ich besitze zwar keine eigenen Beweise
für diese Annahme, habe aber bei meiner eigenen Arbeit mit anderen Menschen feststellen können, daß die älteren, nicht-digitalen
Aufnahmen, die also von einem Mastertape überspielt werden, bes-
sere Ergebnisse zeitigen.

2.
Musik für eine bessere Gesundheit und Wohlbefinden

Die einzig richtige Musik ist jene, die schön und edel ist.
Ralph Vaughan Williams

Obwohl die größten Kompositionen alle Ebenen Ihres Seins mit Energie aufladen und inspirieren werden, gibt es doch verschiedene musikalische Werke, die ganz bestimmte Bereiche ansprechen. So gibt es Musik, die vor allem den Körper anspricht und beeinflußt. Solche Stücke können einem das Gefühl verleihen, stärker zu sein und sich mit vermehrter Energie zu bewegen; andere wiederum erzeugen in Ihnen vielleicht den Wunsch, sich mehr zu bewegen, sei es in Form von Tanzen, von Hausputz, Malen oder sogar Schreibmaschineschreiben. Wiederum andere Musikstücke beeinflussen dafür stärker die Gefühle und Empfindungen. So kann ein bestimmtes Lied Sie vielleicht zum Weinen bringen, während ein anderes in Ihnen Hingabe, Entschlossenheit oder sogar Zorn auslöst. Ferner gibt es Musik, die vornehmlich den Verstand anspricht und einem neue Ideen und Gedanken von großer Klarheit und Kreativität beschert. Und schließlich sind da noch jene Stücke, die alle äußeren Hüllen durchstoßen. Diese Art von Musik spricht unmittelbar zum Herzen und zur Seele und erinnert den Menschen an seine Ganzheit, an seine Verbindung zum Göttlichen und an sein höchstes Selbstsein in Gott.

Verschiedene Arten von Musik stimulieren also auch verschiedene Bereiche im Menschen. Melodische Musik, die von Soloinstrumenten und Kammerensembles gespielt wird, wirkt beruhigend. Sie ist oft wesentlich besänftigender als Orchester- oder Choraufnahmen mit ihrer geballten Klangwucht. Wenn Sie ein größeres „Musikbad" nehmen möchten, sollten Sie Symphonien, Concerti, Kantaten und andere größere Werke hören. Kammermusik hingegen ist etwas für intimere, ruhigere Zeiten, in denen es Sie nach Besänftigung und Ruhe verlangt. Für den Einfluß verschiedener Instrumente auf den Menschen gibt es folgende Faustregel:

1. **Physischer Körper**: Blechinstrumente, Schlaginstrumente, schwere Bässe; elektronische Musik (größtenteils);
2. **Gefühlskörper**: Holzblas- und Saiteninstrumente;
3. **Mentaler Körper**: Streichinstrumente;
4. **Seele**: Harfe und Orgel; Glockenspiele; hohe Saiteninstrumente.

Suchen Sie sich Musik aus, die Ihnen dabei hilft, ins innere Gleichgewicht zu kommen und Ihr ganzes Wesen zu erwecken. Stellen Sie selbst fest, zu welchen Zeiten und in welchen Phasen Ihnen bestimmte Musikstücke geeigneter erscheinen als andere.

Musik für den physischen Körper

Der physische Körper ist der irdische Tempel der Seele. Es ist wichtig, auf jede nur mögliche Weise Ihren physischen Körper zu lieben und für ihn zu sorgen. Und so, wie Sie Ihren Körper auf kluge Weise ernähren, kleiden, reinigen, trainieren und ausruhen sollten, so sollten Sie auch bestimmte Musik dazu benutzen, um dieses physische Vehikel zu baden, zu reinigen und zu energetisieren.

Setzen Sie bestimmte musikalische Stücke dazu ein, physische Trägheit und „Verklumptheit" zu durchdringen; spielen Sie wiederum andere Lieblingsstücke ab, um Hyperaktivität und Verspannungen zu besänftigen und Nerven und Muskeln zu entspannen.

Wenn Ihr physischer Körper nach Energie verlangt, sollten Sie Musik spielen, die kräftigere Rhythmen, lebhafte Melodien und starke Kontraste aufweist. Wählen Sie Klavierstücke oder die kräftigeren Klänge von Blech- und Schlaginstrumenten. Stücke für Trompeten, Hörner, Tuben, Saxhörner, Posaunen, Pauken, Becken und Gongs sind äußerst kraftvoll. Sie werden Sie schnell wieder erden, falls Sie sich zu träge oder zu „abgehoben" fühlen sollten.

Achten Sie jedoch stets darauf, *diese Art von Musik niemals zu lange, zu laut oder zu viel zu spielen!* Wenn Sie sich nämlich solchen kraftvollen Klängen aussetzen — selbst wenn sie sehr melodisch sind —, werden Sie sehr schnell ausgelaugt werden. „Große Augenblicke" bauen in der Musik stets auf Ruhe auf; mächtige Crescendi steigen aus der Stille empor. Der große Interpret und Komponist Pablo Casals hat einmal gesagt, daß alle musikalischen Meisterwerke aus der Auflösung zwischen Spannung und Loslassen entstehen. Musik, die eine dynamische Aussöhnung der Gegensätze bewirkt, verleiht Ihnen das Gefühl der Kraft und der Siegesgewißheit. Ihr Körper wird sich jedesmal besser fühlen, nachdem Sie eine Musik erlebt haben, die die Konflikte und Mißklänge des Lebens durch eine neue musikalische Lösung bewältigt. Vermeiden Sie die ständige Überflutung durch Lärm und unmelodisches Chaos. Ebenso wird Ihnen aber auch seichte, oberflächlich plätschernde Musik ein Gefühl der Langeweile und Schalheit bescheren, was Sie ebenfalls unbefriedigt lassen dürfte.

Märsche. Viele Märsche, die für Orchester oder Kapellen komponiert wurden, stellen einen gesunden Stimulus für Ihren physischen Körper dar. Märsche durchbrechen träge Tatenlosigkeit und Gefühle der Negativität. Sie richten Ihre Aufmerksamkeit darauf, sich zu konzentrieren, sich Klarheit über Ihre Ziele zu verschaffen und entsprechend entschieden zu handeln. Im größeren Rahmen fördern manche Märsche auch den Zusammenhalt und die Brüderlichkeit und beseelen ihre Zuhörer. Märsche wecken die Loyalität und sind oft eine gewaltige Medizin wenn es gilt, einen Feind zu bekämpfen, sei dieser nun äußerlicher oder innerlicher Art. Es folgen nun einige Empfehlungen für Marschmusik, die Ihren physischen Körper beseelen und aktivieren dürfte. Im Anhang am Ende des Buchs finden Sie noch weitere Empfehlungen.

Pomp and Circumstance, Nr. 1 von Sir Edward Elgar (Ph 6768 292): Diese großartige, edle Komposition ist äußerst lebhaft und kraftvoll. Sie kann Sie in jeder Hinsicht erheben, also nicht nur Ihren physischen Körper. Sie wird in Ihnen Energie und den Wunsch freisetzen, innerhalb einer Gruppe gemeinsame Ziele zu verwirklichen. Bei Trauerfeierlichkeiten gespielt, kann dieser Marsch Trauer und Depressionen verjagen und den Anwesenden ein Gefühl für den Wert der Zeit und der Möglichkeiten auf Erden verleihen, die ihnen noch zur Verfügung stehen.

Kraftvolle Akkorde leuchten wie weiße Richtungslichter durch diese Musik und laden Ihren Körper aufs neue mit frischer Energie auf. Es ist etwas Aufregendes, die Macht der Einheit zu spüren, die jedes Jahr in London am letzten Abend der Festlichkeiten zustande kommt, wenn Tausende von Menschen diese Melodie zusammen mit dem Text von „Land of Hope and Glory" (CBS 78 276) singen.

Wenn Sie diesen Marsch hören, sollten Sie visualisieren, wie die Reinheit weißen Lichts Sie mit der elektrisierenden Kraft erfüllt, für das Gute zu arbeiten und zu leben.

Als ich dieses Stück vor kurzem in einem Pflegeheim im Rahmen einer Musiktherapie-Sitzung abspielte, bemerkte ich eine Reihe von Patienten in Rollstühlen. Sie hatten mit schlaffen, reglosen Körpern dagesessen, die Köpfe nach vorne geneigt. Plötzlich begannen sie sich zu rühren. Mit weit aufgerissenen Augen blickten sie auf, und als die Musik schließlich ihren Höhepunkt erreichte, hatten viele von ihnen zu lächeln begonnen, summten mit und hielten den Takt mit Händen und Füßen. Plötzlich hatte sich die ganze Atmosphäre im Raum verändert. Die Krankenschwestern lächelten einander an, die Patienten waren fröhlicher geworden, und noch eine ganze Weile danach war ihre Unterhaltung wesentlich lebhafter als vorher. Auch ihr Gesichtsausdruck war weniger ziellos und dafür konzentrierter. Eine Frau sagte zu mir: „Junge, durch dieses Stück fühle ich mich endlich mal wieder so richtig kräftig!"

Triumphmarsch (aus Aida) von Guiseppe Verdi (DG 2536 382): Dieser dramatische Marsch mit seiner fröhlichen Chorbegleitung ruft große Kraft und Stärke wach. Er macht sowohl die Gefühle als auch den Körper erhaben. Seine Festlichkeit zerstreut alle Schwere und Trägheit. Beachten Sie die kraftvolle, alles durchziehende Melodie und das Schmettern der Trompeten, die alles beleben. In der Melodie werden oft kräftige Rhythmen wiederholt. Diese Akzente rufen im Zuhörer ein größeres Zielbewußtsein und Beständigkeit wach. Die Musik erinnert uns daran, daß eine Herausforderung für uns auch überwindbar wird, wenn wir uns ihr mutig entgegenstellen. So, wie die Komposition geschrieben wurde, um den Sieg einer heimkehrenden Armee zu feiern, wird sie auch in Ihnen Triumphgefühle erwecken.

Ich erinnere mich, wie ich dieses Stück vor kurzem in einem Schallplattenladen hörte: Die Kunden, die in den Regalen stöberten, richteten sich plötzlich auf und hoben stolz und freudig die

Köpfe. Ein Mann begann sogar lächelnd die Arme zu heben und den Marsch zu dirigieren. Als der Chor sein letztes Crescendo sang, klatschten alle Applaus. Drei Leute kauften die Aufnahme.

Slawischer Marsch von Peter Iljitsch Tschaikowsky (DG 2532 022): Abwechslungsreiche Rhythmen und kräftige, melodische Würze kennzeichnen diese festliche, explosive Musik. Während viele Stücke Tschaikowskys auch einen melancholischen Tenor und Trauertönungen aufweisen, ist diese Komposition weitaus dynamischer und reißt den Zuhörer förmlich mit. Man kann dazu genausogut singen wie marschieren; die kräftigen Rhythmen und mächtigen Blechchöre lassen die Energien nur so durch den Körper schallen. Ich möchte wetten, daß Sie nicht stillsitzen können, wenn Sie dieses Stück hören! Genießen Sie es! Spielen Sie es nicht zu oft, denn es ist sehr mächtig.

In diesem Zusammenhang ist es interessant, daß der große Maestro Leopold Stokowski dieses Stück anläßlich eines Konzerts in der Royal Festival Hall zu seinem sechzigsten Jubiläum seiner Zeit beim London Symphony Orchestra gab. Die Aufnahme fängt die Kraft und das sprühende Feuerwerk dieser Musik ein, und am Schluß der Platte können Sie hören, wie das Publikum vor Begeisterung zu toben beginnt.

Weitere Musik, die dem physischen Körper Energie zuführt:
Sousa — Stars and Stripes Forever
Sibelius — Alla Marcia (aus der Kareliensuite)
Schubert — Märsche D 733
Beethoven — Türkischer Marsch (aus Die Ruinen von Athen)
Clarke — Trumpet Voluntary
J. Strauß (Vater) — Radetzky-Marsch

Ouvertüren. Im allgemeinen sind Ouvertüren sehr lebhaft und dynamisch. Sie eignen sich besonders gut dafür, den physischen Körper zu aktivieren. Wenn Sie optimale Ergebnisse erzielen wollen, sollten Sie niemals mehr als zwei oder drei Ouvertüren pro Sitzung hintereinander spielen.

Wagner — Die Meistersinger von Nürnberg
Dvořák — Karneval
Weber — Euryanthe; Oberon
J. Strauß — Die Fledermaus
Mozart — Entführung aus dem Serail; Don Giovanni; Die Zauberflöte
Rossini — Wilhelm Tell; Die seidene Leiter
Mendelssohn — Ein Sommernachtstraum
Arthur Fiedler: Marsch-Anthologie, gespielt von den Boston Pops.

Diese Stücke sind alle sehr kraftvoll. Gehen Sie klug damit um und spielen Sie sie nicht zu laut ab, sonst erreichen Sie nicht das damit, was Sie wollen. Es genügt vollauf, nur eines dieser Stücke auf einmal zu hören.

Fanfaren, lebhafte Gesänge, Filmmusiken und Tänze gehören auch zu jener Musik, die Sie mit ihren kraftvollen Frequenzen vitalisieren kann. Probieren Sie selbst aus, welche Stücke davon für Sie am geeignetsten sind. Die meisten dieser Kompositionen wirken recht kräftig, weshalb Sie nur ein oder zwei Stücke hintereinander spielen sollten, um ihre Kraft in sich aufzunehmen, bevor Sie sich noch weitere anhören.

Fanfarenmusik. Viele dieser Stücke wurden für königliche Festlichkeiten komponiert. Die starken Baß-Töne können den physischen Körper stimulieren. Die majestätischen Trompeten und Pauken werden Sie energetisieren, vor allem dann, wenn Sie sich schwach fühlen oder sich selbst bemitleiden sollten. Sollten sich diese Stücke als zu kraftvoll erweisen und Sie dazu führen, sich zurückzuziehen oder zornig zu werden, so sollten Sie leichtere Musik spielen.

Mouret — Suiten Nr. 1 Fanfares
Lalande, de — Symphonies pour les soupers du Roy
Copland — Fanfare for the Common Man
Dukas — La Péri — Eröffnungsfanfare

Lebhafte Songs. Eine Klasse, mit der ich einmal arbeitete, diskutierte darüber, welche Musik die Zuhörer belebt und physisch erneuert. Die Teilnehmer zogen lebhafte, populäre Stücke vor, die oft sehr spritzig und froh waren. Sie wiesen auch darauf hin, daß sie Musik mit munterer Rhythmik mochten. Es folgen nun einige der Stücke und Interpreten, die ihnen am meisten gefielen:

A Cockeyed Optimist — South Pacific
Oh, What a Beautiful Morning — Oklahoma
Anderson — Bugler's Holiday
  — Syncopated Clock
  — Typewriter
Liberace
Johnny Cash

Ich erinnere mich daran, wie ich eines Abends mit einem guten Freund den schönen, belebenden Melodien von Brigadoon lauschte. Gegen Ende des Stücks meinte mein Freund: ,,Ich fühle mich immer so wohl, wenn ich ein solches Musical gesehen habe; das belebt mich immer so.''

Interessant finde ich auch, daß eine bestimmte Kirchengruppe, die ich kenne, als Eröffnungs-,,Hymne'' die Melodie ,,Oh, What a Beautiful Morning'' aus Oklahoma benutzte. Obwohl man den Text passend zu ihrer Religion umgedichtet hat, hat diese Gruppe die belebenden Energien des Stücks durchaus angezapft. Die Musik bringt Energien, die die Menschen erheben und stimulieren und für die ganze Dauer des Gottesdienstes mit froher Erwartung erfüllen.

Filmmusik. Ist Ihnen auch schon einmal aufgefallen, wie bestimmte Begleitmusik das körperliche und emotionale Geschehen mancher Filmszenen unterstreichen und bereichern kann? Manche der kraftvolleren Filmmusiken großer epischer Filme können zu einer körperlichen Erneuerung und zu größerer Vitalität führen. Selbst wenn Sie sich nicht mehr ganz genau an die entsprechende Filmszene erinnern können, wird die Musik ihren Körper dennoch elektrisieren. Manchmal genügt es sogar, nur die Musik zu hören, ohne den Film zu kennen, um sich damit aufzuladen. Es folgen nun einige dieser Filmmusiken; es sind übrigens auch meine Lieblingsstücke.

Ben Hur
Supermann
Das Imperium schlägt zurück
E. T.
Born Free
Caravans
Krieg der Sterne

Wenn Sie diese Soundtracks spielen, sollten Sie sich die Stücke notieren, die Ihnen am meisten zusagen. Bei Filmmusik-Aufnahmen gibt es in der Regel ein recht breites Spektrum musikalischer Stimmungen und Inhalte. Meistens werden Sie wohl feststellen, daß das Hauptthema, das fast immer an erster und letzter Stelle steht, am kraftvollsten ist und sich am besten einprägt.

Tänze und Songs aus Broadway Shows. Manche Musik erweckt in einem das Verlangen zu tanzen. Die beste Musik dieser Art erneuert den physischen Körper; sie beraubt uns nicht unserer Energien und läßt uns auch nicht ausgelaugt, unkonzentriert und aufgestachelt zurück. Folklore-Tänze und andere Stücke schöner Tanzmusik sind etwas ganz anderes als Disco oder Rock, bei denen zappelnde Hüften und Nabel oft die Hauptattraktion darstellen. So, wie Sorbas, der Grieche, meint, daß das ganze Leben ein einziger Tanz sei, so stellt schöne Tanzmusik einen Kontakt zwischen Ihnen und Ihrer gesamten eigenen Energie her, wie sie durch Sie hindurchströmt; das verhilft Ihnen auch zu einer echten Intimität bei engem körperlichen Kontakt mit einem anderen Menschen wie auch bei der gemeinsamen Bewegung. Wenn man mit einem Menschen anmutig und vital zu einem Song oder einer Melodie tanzt, so ist dies ein Stück Gemeinsamkeit, die es einem ermöglicht, den anderen wirklich zu erreichen und auf eine liebevolle, ganzheitliche Weise ins Herz einzuschließen.

Darüber hinaus beschert einem eine solche Musik eine erhebende

Form der Bewegung: Sie schwemmt die Mattigkeit aus Ihren Emotionen, Gliedern und Muskeln, und sie hilft Ihnen, frische Luft in Lungen und Kreislauf einzuatmen.

Im folgenden seien ein paar Empfehlungen schöner, lebhafter Musik aufgeführt:

Dvořák — Slawische Tänze
Brahms — Ungarische Tänze
Weber — Aufforderung zum Tanz
Tschaikowsky — Tänze aus Schwanensee und Dornröschen
Schostakowitsch — Polka (aus Das Goldene Zeitalter)
Delibes — Coppelia
Copland — Rodeo

Im Anhang zu diesem Buch finden sich weitere Empfehlungen für alle drei dieser Kategorien, mitsamt den Bestellnummern empfohlener Aufnahmen.

Musik für Gefühle und Stimmungen

Die größte Herausforderung Ihrer Seele sind Ihre Emotionen. So wie der physische Körper Energie durch Bewegung und Aktivität freisetzt, geben die Emotionen Energie durch das Ausdrücken von Gefühlen frei. Einer der wichtigsten Aspekte der Ausgewogenheit und Kreativität ist ein gesundes, glückliches und konstruktives Gefühlsleben.

Meistens fühlen wir erst, bevor wir etwas denken. Beobachten Sie einmal Ihre Gefühlsreaktionen. Wie drücken Sie beispielsweise Glück aus? Fangen Sie an zu singen, weinen Sie vor Freude, heben Sie die Stimme, zeigen Sie Ihr Glück durch Körperbewegungen wie Laufen, Hüpfen, Lächeln, Knuffen oder ähnliches? Achten Sie sorgfältig auf Ihre Reaktion, auf Gefühle der Freude, des Zorns, der Furcht, der Trauer, der Angespanntheit, der Verwirrung, der Schuld usw. Auf welche Weise verleihen Sie Ihren Gefühlen Ausdruck?

Der Schlüssel zu einem gesunden Gefühlshaushalt besteht aus dem schönen, konstruktiven Ausdruck der Gefühle und nicht aus ihrer Unterdrückung. Doch um zu einem schöpferischen Ausdrücken und Ausbalancieren der Gefühle zu finden, braucht es Zeit; vor allem dann, wenn man die eigenen Gefühle jahrelang unterdrückt hat.

Vor kurzem sagte jemand zu einem Freund von mir: „Du bist so zornig! Warum bist du nur so voller Wut?" Mein Freund antwortete, daß er auf niemanden bewußt zornig sei. „Nein", erinnerte ihn der andere, „du steckst einfach nur voller Wut — voll der alten Wut, die du niemals ausgedrückt hast."

Mein Freund ging nach Hause und dachte gründlich über das Gesagte nach. Er erinnerte sich an viele Male, da er sehr wütend auf bestimmte Leute gewesen war, seine Wut aber entweder aus Gründen des Anstands, des guten Benehmens oder der Furcht in sich hineingefressen hatte, um auf diese Weise in Kopf und Sonnengeflecht eine Verspanntheit aufzubauen, die im Laufe der Jahre und mit jedem Zornerlebnis immer schlimmer geworden war. Mein Freund brauchte eine ganze Weile, bis er die aufgestaute Wut und die Frustration verarbeitet hatte. Während dieses Prozesses stiegen die Erinnerungen an Situationen in ihm empor, in denen er zwar gerne emotional reagiert hätte, statt dessen jedoch seine Gefühle und damit das ganze Geschehen unterdrückt hatte. Ich erinnere mich, wie er endlich, nachdem er bis zu seinen tiefsitzendsten Emotionen vorgestoßen war, zu mir sagte: „Wenn ich so weiter gemacht hätte, hätte ich wahrscheinlich eines Tages irgendjemanden umgebracht."

Man kann seine Gefühle weder leugnen noch unterdrücken. Wer das tut, wird im Endeffekt entweder sehr gewalttätig und destruktiv oder melancholisch und erfüllt von Trauer. Unterdrückter Zorn wird zu Trauer, oder er implodiert und schwächt uns dadurch; das schöpferische Ausdrücken positiver und negativer Emotionen bringt hingegen eine Katharsis und Klärung bzw. Reinigung und hinterläßt in uns ein Gefühl der Kraft und der Vitalität.

Was nun die Gesundheit betrifft, so kann unterdrückter Ärger und Zorn zu Magengeschwüren, Schlaganfällen oder Tumoren führen; fortgesetzte Ängste machen den Menschen verspannt und können Ekzeme, Gürtelrose, Schuppenflechte und Arthritis hervorrufen. Deshalb ist es von großer Wichtigkeit, möglichst viele Ventile dafür zu finden, Möglichkeiten, die Gefühle zu kanalisieren. Die tägliche Diät – nämlich Nahrung, geistige Einstellungen und spirituelle Hingabe und Studien – muß durch emotional befriedigende und bereichernde Interessen ergänzt werden. Große Musik ist eine dieser Möglichkeiten der gesunden, *schönen* Freisetzung von Gefühlen.

Durch Musik können Sie Ihre Emotionen auf kreative Weise umsetzen. Die kreativen Künste bieten dem Menschen eine wunderbare Gelegenheit, negative, unterdrückte Gefühlsenergien zu transmutieren, also konstruktiv umzuwandeln. Setzen Sie künstlerische Ventile wie Gesang, Malerei, Tanz, Bewegung zu Musik, Töpferhandwerk, Dichtung und das Führen eines Tagebuchs dazu ein, die Energien und die Gefühlsbereiche, die in Ihrem Inneren lebendig sind, zu kanalisieren. Lassen Sie außerdem die Musik in Ihr Inneres eindringen, Musik, die Sie gleichzeitig bewegen und als Reinigungsagens in Ihnen aktiv sein wird; diese Musik wird auch die Gefühle, die Sie in sie hineingeben, an- und aufnehmen.

Musik kann auch dabei helfen, Gefühlsblockaden abzubauen. Ich habe festgestellt, daß Musik für Holzblasinstrumente in der Regel nützlich ist, um emotionale Spannungen und Hemmungen aufzulösen. Die hellen, durchsichtigen Klänge der Flöte, der Pikkoloflöte, der Oboe, des Englischhorns (das ja eigentlich eine Altoboe ist), der Klarinette und des Fagotts sind – sofern sie schöne, melodische Musik spielen – wunderbare Heilmittel gegen Gefühlsstreß.

Ich erinnere mich, wie ich einer Gruppe recht verärgerter, verspannter Zuhörer einmal eine Aufnahme von Jean-Pierre Rampals Flötenarrangement von Debussys *Clair de lune* vorgespielt habe: Schon nach kurzer Zeit veränderte sich ihr Gesichtsausdruck; die Musik reinigte sie von allen Spannungen. Als diese Komposition sie mit ihrer wahren Gischt perlender Melodien umschmeichelte, begannen sie sich zu entspannen. Die wütende Kampfesstimmung der Gruppe verwandelte sich merklich, und nach einer Weile begannen die ersten Zuhörer zu lächeln. Einer von ihnen bot einer neben ihm sitzenden Dame eine Zigarette an, die sie auch dankbar entgegennahm. Nach der Musiksitzung verlief diese Geschäftsbesprechung in einer wesentlich harmonischeren, kooperativeren Atmosphäre.

Manchmal verbinden sich Holzblas- mit Streichinstrumenten und erzeugen dadurch eine ganz andere Art von Heilungsatmosphäre und Klangstruktur. Ein Musterbeispiel für solche Musik ist etwa das Adagio im 3. Satz von Rachmaninoffs *Zweiter Symphonie*. In diesem wunderbar belebenden und therapeutisch wirksamen Satz führt und trägt die Klarinette die Melodie. Es herrscht ein leiser Grundton vor, der jedoch schließlich zusammen mit der vollen Orchesterbegleitung in gewaltige Höhen emporsteigt. Wenn man diese Musik hört, spürt man gleichzeitig, wie alle gefühlsmäßige Negativität und alle Spannungen sich verflüchtigen; sie nimmt nicht nur die Energien auf, die man in sie hinein gibt, sie führt einen auch in einen höheren Bewußtseinszustand der gesteigerten Hingabe. Es ist eines der größten Stücke, die Rachmaninoff jemals komponiert hat, und der 3. Satz vollführt eine vollständige Kreisbewegung, die wieder in der Stille endet.

Das Auflösen von Wut, Zorn und Ärger. Mit Hilfe der Musik lassen sich auch Wut, Zorn und Ärger auflösen bzw. ausleben. „Zorn" ist eine Bezeichnung für eine bestimmte Art emotionalen Unbehagens. Wenn ein Mensch „zornig" oder „wütend" ist, so ist es von größter Wichtigkeit, daß er eine Möglichkeit findet, diese Emotion konstruktiv auszudrücken, damit er sie nicht in sich hinein frißt oder sie auf einen anderen projiziert. Je nach Ihrer Persönlichkeit und Ihrem Temperament müssen Sie Möglichkeiten entwickeln, die es Ihnen erlauben, Ihren Zorn und Ärger zu entschärfen und zu entladen. Vielleicht gehen Sie bei solchen Gelegenheiten gerne vors Haus, um Holz zu hacken; vielleicht fangen Sie dann aber auch an, Teppiche zu klopfen, Fußböden zu schrubben, lauthals zu singen, Motorrad zu fahren, Schlagball zu spielen oder irgendeine ähnlich lebhafte Tätigkeit auszuüben. Das Summen oder Singen von Tönen ist eine besonders wirkungsvolle Methode, mit deren Hilfe man Energie durch die Stimme freisetzen kann. Es ist offensichtlich, daß Sie einen konstruktiven Weg finden müssen, diese Energie freizusetzen und aufzulösen, denn destruktive Reaktionen helfen niemandem; im Gegenteil, sie verschlimmern den Ärger und die Verwirrung nur noch, von denen die Atmosphäre ohnehin bereits zur Genüge aufgeladen ist.

Musik ist ebenfalls eine Möglichkeit, starke Gefühle und Energien des Zorns loszuwerden. Zur gleichen Zeit kann Musik Sie durch die Alchemie des wechselseitigen Austauschs mit ihren eigenen reinigenden Strömen und ihren Heilkräften durchfluten. Loslassen und empfangen, heißt hier das Motto!

Interessanterweise konnte ich feststellen, daß verschiedenartige Menschen auch recht unterschiedlich auf Wut, Zorn und Ärger reagieren: Während manche alles nur Erdenkliche tun, um Kontroversen und Konflikten aus dem Weg zu gehen, wollen andere einfach nur ihre Ruhe haben; wiederum andere entscheiden sich für den Angriff und suchen sogar eifrig nach Möglichkeiten, in selbstbehauptenden, heftigen, explosiven Gefühlsausbrüchen Dampf abzulassen. Wegen dieser unterschiedlichen Reaktionsweisen möchte ich auch diverse verschiedene Arten von Musik zur Auflösung von Wut, Zorn und Ärger empfehlen. Mit ihrer Hilfe können Sie diese Energien durch eine Vielzahl von Ausdrucksmöglichkeiten freisetzen, ausleben und überwinden.

Kraftvolle Musik zum Ablassen von Wut, Zorn und Ärger

Beethoven — Overtüre zu Egmont
Tschaikowsky — Symphonie Nr. 5 (letzter Satz)
Saint Saens — Symphonie Nr. 3 (Orgel), letzter Satz
Rheinberger — Sonaten für Orgel
Janáček — Sinfonietta
Wagner — Walkürenritt
       — Vorspiel zu Lohengrin (3. Akt)
Poulenc — Konzert für Orgel, Streicher und Pauken
Ginastera — Estancia
Brahms — Konzerte für Klavier und Orchester

Die oben aufgeführten Kompositionen eigenen sich zur Auflösung von Wut, Zorn und Ärger. Sie sind kraftvoll genug, um Ihren „Dampf" aufzunehmen.

Es gibt jedoch noch eine andere Möglichkeit, mit Hilfe von Musik starke Emotionen zu besänftigen und in ein neues Gleichgewicht zu bringen. Dies kann man nämlich auch mit ruhigeren, äußerlich weniger dramatischen Stücken erreichen. Oft helfen sie einem dabei, sich auf allen Ebenen auf einmal zu entspannen und seinen Ärger durch einen Umwandlungsprozeß im eigenen Inneren loszuwerden. Wenn Sie mitten im Zorn sind, werden diese Kompositionen Sie entweder wieder ins Gleichgewicht bringen, so daß Sie sich fragen werden, wie Sie nur so wütend werden konnten; oder aber diese Musik bewegt Sie dazu, Ihre Wut auf bejahende Weise äußerlich auszudrücken, indem Sie sie in eine konstruktive Tat überführen.

Leise Musik zur Beruhigung von Wut, Zorn und Ärger

Bach, J. S. — Das Wohltemperierte Klavier I und II
Händel — Konzert Nr. 5 F-Dur für Harfe
Roth — You Are the Ocean
Halpern-Kelly — Acient Echoes
Schubert — Vorspiel zu Rosamunde
Dowland — Fantasia für Laute
Gluck — Reigen seliger Geister
Dexter — Golden Voyage I
Van Eyck — Musik for Recorder
Andy Williams

Im Anhang finden Sie weitere Hinweise sowie die entsprechenden Bestellnummern der jeweiligen Firmen.

Es ist wichtig, daß Sie Ihre Musik für sich erleben, also in der Un-
gestörtheit Ihres Zuhauses; manchmal ist es auch nützlich, Konzerte
zu besuchen. Zuhause kann die Musik ohne viel Einmischung oder
,,Statik" von anderen Personen und Schwingungen auf Sie einwirken. Andererseits kann ein gutes, lebhaftes Konzert ein ganzes Publikum in seinen Bann schlagen und es zu einem höheren Gruppen-
bewußtsein führen, sei es nun dadurch, daß die Emotionen der Gruppe gereinigt werden, oder sogar durch ein echtes spirituelles Erlebnis. Sie sollten stets Live-Aufnahmen kaufen, sofern dies möglich
ist.

Manche Interpreten und Künstler dienen als eine Art energiege-
ladenes Vehikel für den emotionalen Kontakt zwischen ihren Zuhörern; ihre Kunst ist ein Agens, das mit dem Medium der Musik
anderen Menschen dabei hilft, negative Gefühle in positive Äuße-
rungen umzuwandeln. Derartige Reaktionen habe ich einmal erlebt, als ich einem Konzert von Artur Rubinstein beiwohnte, sowie
auch bei einem Konzert von Vladimir Horowitz. Rubinsteins Freude und Lebensfrohheit durchperlen seine ganze Musik und auch die
Menschen, die seinen Konzerten lauschen. Seine Gefühle wirken an-
steckend und helfen, manch niedergeschlagenen Geist wieder auf-
zumuntern. Horowitz wiederum kanalisiert eine große, geradezu
elektrische Kraft, die er durch sein Spiel weitervermittelt. Durch
die Hochspannungsenergie seiner meisterhaften Technik, die sich

mit innerer Kraft und Vitalität verbindet, werden die Zuhörer stimuliert. Von den leisesten, zartesten Pianissimi bis zu den mächtigsten Crescendi umspannt Horowitz die gesamte Klaviatur der menschlichen Gefühle. Seine Musik setzt Wirbel zielgerichteter Energie frei, die das Publikum mit neuer Kraft aufladen und verschiedene Blockaden unterdrückter Gefühle und Erinnerungen auflösen. Vor kurzem bemerkte Horowitz in einem Interview, daß es zu seinen höchsten Zielen gehöre, das Klavier wie ein Orchester klingen zu lassen, und so weist denn sein Spiel auch ein vollständiges, umfassendes Klangspektrum auf, das den Zuhörer bis in die tiefste Seele hinein berührt — auf physischer, emotionaler, mentaler und seelischer Ebene.

Johnny Cash. Auf eine ganz andere Weise kann der Country-Sänger Johnny Cash mit seinen Balladen, Gospels und seiner persönlichen Folkmusik seinem Publikum eine zuvor nur verhaltene Gefühlskatharsis entlocken. Für viele seiner Fans ist Johnny Cash eine Art Volksheld. Er hat viele persönliche Herausforderungen und Tragödien durchleben müssen, und wenn er vor sein Publikum tritt, so tut er es singend und voller Mut. Ich habe es selbst miterlebt, wie Johnny Cash auf seine eigene, einzigartige Weise einen starken emotionalen Rapport mit seinen Zuhörern herstellte: Er trägt Schwarz. Seine Stimme ist nicht weich, aber in ihr schwingt eine rauhbeinige Ehrlichkeit und eine kraftvolle, vitale Qualität mit, die Verständnis und Sympathie für den Menschen und sein Leiden aufbringt. Seine Songs verbinden Kraft mit Mitgefühl, den maskulinen mit dem femininen Gefühlspol, die schlußendlich weder verzeihen noch verurteilen.

Johnny Cashs Lieder künden von einer Sehnsucht nach der Freiheit auf dem offenen Weg, der Straße, vom Verlangen des menschlichen Herzens, Einengungen zu überwinden und Liebe und Einheit mit einem anderen zu finden — ein Traum, der oft von den „Schicksalsgöttinnen" und den Schwächen irdischer Existenz zunichte gemacht wird. Lauschen Sie einmal den gewaltigen Gefühlsausbrüchen, die Cash auslöste, als er vor den Gefangenen von San Quentin und Folsom Prison Live-Konzerte gab! Diese kraftvollen Aufnahmen sind ein Zeugnis der Grundsehnsüchte des Menschen, so verzerrt diese auch wirken mögen, der Sehnsucht nach einer unbeschreibbaren Einheit im Geiste. Auf ihre ureigene Weise gleichen sie der herzzerreißenden Verschmelzung von Freude und Trauer, die Horowitz in seiner Live-Aufnahme des *Klavierkonzerts Nr. 3* von Rachmaninoff beschwört.

Hinter vielen von Cashs Songs, wie sie mit der Gitarre, der Mundharmonika und der menschlichen Stimme zum Vortrag gebracht werden, hämmert der nicht enden wollende, antreibende Rhythmus einer feurigen Lokomotive, die rauchend und dampfend die Schienen entlangdonnert, an Fahrt gewinnt und schließlich in die Freiheit und die totale Ungebundenheit vorprescht. Das Geräusch des dahinjagenden Schnellzugs erweckt in mir die Sehnsucht der menschlichen Seele, die Ketten und Begrenzungen ihres irdischen Daseins zu sprengen und ihrer Freude durch Dampf und Tuten röhrend Ausdruck zu geben, während sie in den offenen Raum hinausjagt.

Auf diese Weise erzeugt Johnny Cash rohe Energie und ein mächtiges Gefühlsband bei seinem Publikum. Ich spüre ganz deutlich, daß diese Musik stimulierend ist, denn sie enthält starke Gefühlsschwingungen, die den Zuhörer auf eine sehr erdverbundene, konkrete Weise aufwühlt. Cash reißt uns mit sich, aber er bringt uns auch wieder — inzwischen weiser und mitfühlender geworden — zurück, um uns zu helfen und mit uns das zu teilen, was er im Leben durch das Leid gelernt hat.

Spielen Sie Johnny Cashs Songs, wenn Ihnen die Herausforderungen der physischen Welt zu schaffen machen und wenn Sie Ihre Emotionen im Alltag freisetzen und vielleicht sogar nostalgischen Erinnerungen nachhängen möchten.

Das Lösen von (Ver-) Spannungen. Manchmal werden die Pflichten des geschäftigen Alltags Sie verspannt machen. Vielleicht fühlen Sie sich dann — physisch und emotional — unter Spannung wie ein zusammengerolltes Stück Draht. Um sich wieder zu ,,entrollen" und an Ruhe zu gewinnen, kann es sein, daß Sie vielleicht eine rhythmisch ruhigere, melodisch angenehmere und langsamere Musik brauchen. Dazu folgende Vorschläge:

Musik gegen Hyperaktivität

Bach, J. S. — Air auf der G-Saite
McKuen — Concerto for Balloon and Orchestra

Grieg — Aus Holbergs Zeit
Beethoven — Symphonie Nr. 6 (1. u. 2. Satz)
Pachelbel — Kanon in D-dur
Hovhaness — Mysterious Mountain
Mozart — Konzert für Flöte, Harfe und Orchester
Vivaldi — Flötenkonzerte
    — Konzerte für Violine, Streicher, etc. Nr. 22 - 25
Giuliani — Gitarren-Konzerte
Mantovani

Depression und Furcht. Wenn Sie sich niedergeschlagen und negativ fühlen, wenn das Leben Sie ermüdet, dann sollten Sie sich in der Regel schlafen legen. Bevor Sie sich die Ruhe gewähren, die Sie brauchen, sollten Sie eines jener ruhigen Musikstücke hören, wie sie oben aufgelistet sind. Wenn Sie nicht zu Bett gehen können oder nicht müde sind, sondern sich einfach nur matt und deprimiert fühlen, dann brauchen Sie eine Musik, die Sie aus Ihrer Trübsal reißt. Dafür schlage ich Ihnen Kompositionen vor, die Melancholie, Ängste, Zweifel und Befürchtungen überwinden können:

Musik gegen Depression und Furcht

Délibes — Coppélia
Beethoven — Klavierkonzert Nr. 5
Dvořák — Symphonie Nr. 8
    — Slawische Tänze
Mozart — Symphonie Nr. 35 (Haffner)
Händel — Wassermusik
    — Feuerwerksmusik
Grofe — Grand Canyon Suite
Mendelssohn — Symphony Nr. 4 (Die Italienische)
Parry — Jerusalem
Händel — Chöre aus Der Messias und Israel in Ägypten
Rachmaninoff — Klavierkonzert Nr. 5 (letzter Satz)

Manchmal ist Langeweile das Produkt eines Mangels an Abwechslung in unseren Routinen oder auch nur eine einfallslose, undankbare Einstellung gegenüber unseren jeweiligen Aufgaben. „Routine" impliziert die Notwendigkeit, entweder unsere Einstellung oder die Art und Weise zu verändern, in der wir auf unsere Aufgabe zugehen. Stellen Sie fest, welche Verhältnisse für Sie optimal sind, wie Sie in Ihrem Tagesablauf Regelmäßigkeit und Spontaneität am besten miteinander verbinden können. Es wird auch sogenannte „Freiräume" in Ihrem Leben geben, in denen Sie eine Pause zwischen zwei „Aufträgen" haben. Dies sind Zeiten, in denen Sie eine Menge Chancen haben, sofern Sie sie schöpferisch und offen angehen. Die Musik kann Ihnen dabei ein wertvolles Stimulans sein.

Wenn Sie diese freie Zeit jedoch damit verbringen, sich Sorgen zu machen, oder sie mit Faulheit vergeuden, dann entgeht Ihnen dadurch ein großes Geschenk; später werden Sie es dann rückblickend bereuen, diese Zeit nicht klüger genutzt zu haben. Es gibt immer so viel zu lernen, so viele Bereiche, in denen Sie sich noch weiterentwickeln können, daß es wirklich nichts als Vergeudung wäre, sich gelangweilt oder eingeengt zu fühlen. Die folgenden Stücke können frischen Enthusiasmus, Klarsicht und Vitalität in Ihnen wecken:

Musik gegen Langeweile

Liszt — Ungarische Rhapsodien
Respighi — Antiche Danze ed Arie per Linto; Pini di Roma
Haydn, J. — Konzert für Trompete und Streicher
Rodrigo — Concierto de Aranjuez
   — Fantasia para un gentilhombre
Rimsky-Korssakoff — Scheherazade
Prokofieff — Leutnant-Kijé-Suite
Koto Mozart

Kraft und Mut. In Zeiten, da Sie ein Mehr an Mut brauchen — sei es, um eine Entscheidung zu fällen oder auch nur, um fest zu dem Weg zu stehen, den Sie für sich gewählt haben —, kann Musik Ihnen dabei helfen, Ihre Entschiedenheit und Ihre konstruktive Willenskraft erheblich zu stärken.

Eine Freundin von mir, die einer zwanghaften Eßsucht unterlag, versuchte es mit allen möglichen Selbsthilfeprogrammen: Kalorienzählen, Diätkurse undsoweiter; doch ihr eigentliches Problem war ihr Mangel an Selbstbeherrschung — sie war einfach unfähig, genug Willenskraft aufzubringen, um sich vom Eßtisch fortzureißen. Sie stellte fest, daß bestimmte Musikstücke ihr diese Willenskraft vermittelten, so daß sie ihrem ständigen Appetit besser widerstehen konnte. So gelang es ihr, Exzesse zu meiden und sich auf bedachtsamere Weise zu ernähren. Sie benutzte dafür Kabalewskis *Die Komödianten* und Rozsas *Ben Hur.*

Ein anderer Freund von mir setzt Musik dazu ein, ihm bei Geschäftsproblemen zu helfen. Bevor er eine Verhandlung mit einem schwierigen Geschäftspartner hat, spielt er bestimmte kraftvolle Kompositionen, die ihn auf diese Herausforderung vorbereiten und ihn stärken. Da er von Natur aus eher zurückhaltend und friedliebend ist, ist er froh, daß diese Musik ihn hinreichend stählt, um wirkungsvoll seine eigene Position zu vertreten. Er läßt es nicht mehr zu, daß man ihn übervorteilt, und die Musik verleiht ihm Mut, ohne ihn jedoch deswegen zu aggressiv oder tyrannisch werden zu lassen.

Es folgen nun einige Musikempfehlungen, die Ihnen einen größeren Mut bescheren können. Diese Stücke regen auch den physischen Körper an, sehr häufig erhöhen sie den Blutdruck sowie die Muskelkraft und den gesamten Metabolismus.

Musik für Kraft und Mut

Elgar — Pomp and Circumstance, Nr. 1
Beethoven — Klavierkonzert Nr. 5
   — Fantasie für Klavier und Orchester
Brahms — Symphonie Nr. 2 (letzter Satz)
Schlachthymne der Republik
La Marseillaise (Arrangement von Hector Berlioz)
Berlioz — Harold in Italien (3. u. 4. Satz)
Copland — A Lincoln Portrait
   — Suite of Old American Songs
Strauß, R. — Sonnenaufgang (aus Also sprach Zarathustra)
Star Spangled Banner (Amerik. Nationalhymne)

Entspannung und Träumerei. Nach einem langen Arbeitstag gibt es Zeiten, da Sie wahrscheinlich am liebsten einfach nur die Füße hochlegen und sich entspannen möchten. So wie manche Menschen diese Zeit gern mit einem Glas Wein oder mit dem kreativen Durchforsten einer Zeitung verbringen, möchten Sie vielleicht auch Musik dazu benutzen, sich wirklich zu entspannen. Manche Musik läßt Sie in nostalgische Erinnerungen gleiten — Verzauberungen und Phantasieorte, die Sie vielleicht nicht physisch, dafür aber immerhin im Geiste aufsuchen können.

Musik zur Entspannung und zum Träumen

Wagner — Wie Todesahnung (aus Tannhäuser)
Zamfir — Romantic Flute of Pan
Debussy — Clair de Lune
  — Danses für Harfe und Streicher
Ravel — Pavane pour une Infante défunte
Halpern-Kelly — Ancient Echoes
Rosewood and Silver
Parkening Plays Bach (Gitarrensolo)
Stivell — Renaissance der Keltischen Harfe
Lee — Celestial Spaces for Koto
Bruch — Schottische Fantasie
Kreisler — Humoreske
Copland — Quiet City
  — Appalachian Spring
Vivaldi — Konzerte für Oboe

Liebe und Hingabe. In seinem Buch *Die Kunst des Liebens* schreibt Erich Fromm, daß die Liebe keine Emotion, sondern eine Entscheidung ist. Inmitten aller Höhen und Tiefen Ihres Lebens ruht tief in Ihrem Inneren eine gewaltige, gottgegebene Kraft, die größte aller Kräfte überhaupt, nämlich die Fähigkeit, bedingungslos zu lieben. Tatsächlich sind es beständige Liebe und Hingabe, die, zusammen mit Verstehen und Unterscheidungsvermögen, Ihre Beziehungen mit Freude und Gemütstiefe erfüllen werden.

Manche Kompositionen können mit ihren Melodien und Wohlklängen in Ihrem Inneren die Kraft der Liebe erwecken. Diese Stücke sprechen auf unmittelbare Weise Ihr Herzzentrum an und werden Sie mit Liebesenergie durchströmen.

In der Regel betont eine solche Musik die hohen Streicher des Orchesters, vor allem die Harfe, aber auch die Orgel. Einige dieser Stücke wurden für ein großes Orchester komponiert, das Ihre Atmosphäre mit größerer Wucht „bombardieren" wird als Stücke mit nur wenigen Instrumenten oder auch, als Kammermusik es vermag. Die Musik wirkt wie gewaltige Lichtstrahlen (manchen Menschen erscheinen diese oft in den Farben Rosé und Blau), die Sie und Ihre Umgebung durchdringen und auf diese Weise jeden Raum mit den hingebungsvollen Energien der Liebe ausfüllen.

Musik für Liebe und Hingabe

Franck — Panis Angelicus
Denver-Domingo — Perhaps Love
Rachmaninoff — Liebesthema (18. Variation aus Rhapsodie über ein Thema von Paganini)
Grieg — Ich liebe dich (aus Lieder)
Wagner — Isoldes Liebestod (aus Tristan und Isolde)
 — Vorspiel 1. Aufzug (aus Parsifal)
Herbert — Ah, Sweet Mystery of Life
Marian Anderson — Spirituals
Jessye Norman — Sacred Songs
Pavarotti — O Sole Mio
Bach, J. S. — Jesus bleibet meine Freude
Mahalia Jackson — Miscellaneous Hymns
Soundtrack — Somewhere in Time
Mendelssohn — Konzert für Violine
Parkening Plays Bach (Gitarrensolo)

In einem Interview, das Seiji Ozawa, der Dirigent des *Boston Symphony Orchestra*, kürzlich gab, sagte er, daß große Musik ihm der gestalt am meisten geholfen habe, daß sie es ihm ermöglichte, bestimmte Emotionen wie Glück oder Trauer auf hunderte verschiedene Weisen zu erleben. Die verschiedenen Instrumentalfarben, Melodien und Harmonien der Musik erwecken viele Untertöne und Gefühlsfeinheiten. Die Musik hilft uns dabei, eine Verbindung zu diesem Gesamtspektrum innerer Gefühle herzustellen, und sie ruft uns dazu auf, solchen Gefühlen in unseren Beziehungen, Gesprächen, Andachten oder bei der Verwirklichung gemeinsam erarbeiteter Ziele Ausdruck zu verleihen. Mittels der tiefen Inhalte der Musik können wir den fühlenden Teil unserer selbst zum Leben erwecken.

Erforschen Sie selbst das große Spektrum der hier vorgeschlagenen Stücke. Stellen Sie fest, welche davon Ihnen am meisten dabei helfen, einen Kontakt zum vollen Spektrum emotionaler Erwiderung herzustellen, dieses Spektrum zur Entfaltung kommen zu lassen und es zu verfeinern.

Klares Denken, geistige Kraft

So wie manche Kompositionen Ihren physischen Körper und Ihre Gefühlsschichten nähren können, gibt es auch andere Stücke, die Ihrem Geist bzw. Verstand eine größere Gesundheit bescheren können. Die Musik kann Ihnen nämlich auch dabei helfen, zu einer größeren geistigen und denkerischen Klarheit und Konzentriertheit zu finden.

Ihre eigenen Einstellungen zu den Dingen üben einen gewaltigen Einfluß auf das aus, was Ihnen widerfährt und wie Ihr Tag Ihnen entgegenkommt. Da die Erfahrung selbst ja neutral ist, sind es letztlich Ihre Einstellung, Ihr Denken und Fühlen, die wesentlich darüber bestimmen, was Sie aus Ihren Herausforderungen und Möglichkeiten tatsächlich machen. Es ist immer ein Zeichen für einen gesunden Geist, wenn man beobachtet ohne zu werten, wenn man keine auf der Vergangenheit fußenden, eingrenzenden, starren Meinungen hat und wenn man für neue Denkansätze und Möglichkeiten offen bleibt. Ein solcher Geist ist wach und aufnahmefähig und stellt ein gutgeschultes Instrument der Seele dar. Wenn Ihr Geist flexibel bleibt, erwartungsvoll und im klaren Einklang mit sich selbst, wird auch Ihr Leben Ihnen viele neue Gelegenheiten aller Art bescheren.

Im allgemeinen ist die Musik, die dem Geist am liebsten ist, melodisch und rhythmisch klar. Häufig sind es die Streichinstrumente, welche den Geist ansprechen und ihm Konzentration verleihen. Die Musik des Barock etwa ist geordnet, melodisch und arm an Überraschungen. Sie neigt dazu, angenehm dahinzuplätschern, wie die wogende Strömung eines Flußes. Eine solche Musik hilft dem Geist, Gedanken zu konzentrieren, zu planen und durchzuführen, wie natürlich auch Wünsche, die man in Erfüllung gehen sehen möchte.

Ein großer Teil der Musik des zwanzigsten Jahrhunderts ist ebenfalls intellektueller Art und gut durchdacht. Andererseits ist nur wenig zeitgenössische Musik auch melodisch, so daß sie, wiewohl sie gut durchdacht ist, den Zuhörer (oder zumindest mich!) zu sehr strapaziert; oft besteht sie nur aus kühler Logik ohne Tiefgefühl oder Inspiration. Pflegen Sie Musik, die Sie auch inspiriert; vermeiden Sie computerisierte, mentale Klänge, die aus reiner Neugier oder Raffinesse komponiert wurden. Bestimmte Stücke werden Ihnen dabei helfen, Ihren Tag geplant und mit zielgerichteter Energie anzugehen. Hier sind einige Kompositionen, die einen gesünderen, eingestimmten Geist hervorbringen:

Musik für klares Denken

Bach, J. S. — Brandenburgische Konzerte
    — Das Wohltemperierte Klavier
Soundtrack — Born Free
Tibetan Bells
Davids Psalmen (gesungen vom King's College Chor)
Telemann — Konzert für 3 Violinen und Orchester
Weber — Ouvertüre zu Oberon
Brahms — Violinkonzert op. 77
Scarlatti — Sonaten für Cembalo
Händel — Wassermusik
Orchestermusik von J. S. Bach
Barocke Saitenmusik von Telemann, Vivaldi, Albinoni, Corelli, Torelli und anderen

Musik und Meditation

Die größte, inspirierendste Musik spricht unmittelbar zu Ihrer Seele. Solche wunderbaren, zeitlosen Melodien und Harmonien verbinden Sie mit dem Ewigen. Wenn Sie ins Innere dieser Meisterwerke eindringen, werden Sie sich lichterfüllt, harmonisch und in Kontakt zum Schöpfer des Lebens fühlen. Derlei Musik wird Sie stets wieder mit frischer Hoffnung, Vitalität und freudiger Gelassenheit in die Welt zurückkehren lassen. Vielleicht fühlen Sie sich durch sie auch begleitet von zahllosen Heerscharen Gottes, die Sie dazu aufrufen, alle Negativität und Schwere fahren zu lassen, damit Sie die höheren Frequenzen der Energie empfangen können. Eine derartige Musik bringt Ihnen die Welten Gottes näher.

Ihre tiefste Musikerfahrung wird zu einem spirituellen Sakrament. Nun interessieren Sie sich nicht mehr ausschließlich dafür, die Bedingungen des irdischen Lebens zu verbessern, denn jetzt treten Sie ins Licht ein. Begeben Sie sich hinein in die Ewige Gegenwart, öffnen Sie sich für die grenzenlose Führung Gottes. Es wird viele Gelegenheiten der Meditation und des Gebets geben, da Sie völlige Stille um sich haben wollen. Doch kann ein ganz besonderes Musikstück Sie auch auf Ihre Andacht vorbereiten. Eine solche Musik wird Ihren Körper, Ihre Gefühle und Ihren Geist beruhigen, so daß Ihre Seelenmitte durch Sie sprechen und alles verfügbare Licht „erden" kann.

Es folgen nun einige Richtlinien, die Sie beachten sollten, wenn Sie zu einer wirkungsvolleren Meditation mit vorhergehender Musik gelangen möchten:
1. Beginnen Sie damit, diese musikalische Meditation als eine Heilige Zeit zu begreifen. Lauschen Sie den Klängen voller Verehrung und Lobpreisung. Vielleicht möchten Sie dabei auch eine Bekräftigung formulieren oder einen Bibelvers vorlesen. Zum Beispiel: „Ich will beten im Geist und will auch verständlich beten." (1. Korinther 14.15) oder: „Die Musik des Firmaments erfüllt mich mit dem Licht Gottes."
2. Halten Sie sich offen für die vergeistigenden Energien der Musik. Während Sie lauschen, wird spirituell etwas in Ihnen vorgehen.
3. Halten Sie ein Notizbuch in Reichweite, damit Sie etwaige Eindrücke notieren können.

4. Halten Sie schriftlich alle Eindrücke fest, die die Melodien in Ihnen wachrufen. (Diese können als Orte, Farben, Wesenheiten, Gestalten, Archetypen, Ideen usw. zu Ihnen kommen.)

5. Fragen Sie sich selbst: „Welche Gefühle ruft diese Musik in mir wach?" (Das könnten Freude, Frieden, Kraft, Wärme oder ähnliche Gefühle sein.)

6. In welchem Teil Ihres Körpers spüren Sie die Musik am stärksten? (z.B.: im Unterleib, im Magen, im Sonnengeflecht, im Herzen, im Hals, auf der Stirn, auf dem Scheitel, in den Muskeln, den Gelenken usw.) Es ist von großer Wichtigkeit, daß Sie sich darüber bewußt werden, wo Sie diese Musik spüren. Dies ist nämlich entweder ein Zeichen dafür, daß an dieser Stelle mehr Energie notwendig ist, oder aber daß dort eine Auflösung und Umverteilung von Energie erforderlich ist. Auf diese Weise dient die Musik als Instrument des Ausgleichs und hilft Ihnen dabei, Ihren Organismus zu harmonisieren.

7. Wenn die Musik zu Ende ist, danken Sie mit vollem Herzen für all das Gute, das sie Ihnen beschert hat.

Nach und nach werden Sie selbst feststellen welche Musik Sie am besten in die Stille führen kann. Führen Sie eine Liste mit jenen Stücken, die Sie am besten darauf einstimmen. Spielen Sie sie oft, und seien Sie stets gewahr, daß Sie sich auf sie verlassen können, wenn Sie Ihre Sensibilität für die Göttliche Gegenwart vertiefen wollen.

Es folgen nun einige Kompositionen, die mir persönlich in Zeiten der Meditation, des Gebets und der tiefen Verehrung am meisten helfen:

Musik für Meditation und Gebet

Vaughan Williams — Fantasie über ein Thema von Thomas Tallis
Palestrina — Missa Papae Marcelli
Paul Horn — Inside the Taj Mahal
Humperdinck — Abends, will ich schlafen gehn (aus Hänsel und Gretel)
Dvořák — Largo (aus Symphonie Nr. 9)
Elgar — Nimrod (aus Enigma)
Bach, J. S. — Komm, du süße Todesstunde

— Toccata und Fuge D-Moll (Orchesterfassung)
Bruckner — Symphonie Nr. 8 (3. Satz)
Wagner — Vorspiel 1. Aufzug (aus Lohengrin)
Fauré — Im Paradies (aus Requiem)
McKuen — Concerto for Balloon and Orchestra
John Michael Talbot — Come to the Quiet
Flowers from the Silence
Mozart — Vesperae Solennes de Confessore (Sanctus)
— Ave Verum Corpus

Im Anhang finden sich weitere Vorschläge für alle oben besprochenen Kategorien, sowie die Bestellnummern der Plattenfirmen.

Aus den zahlreichen verschiedenen Anregungen in diesem Kapitel werden Sie sich jene Musikstücke aussuchen können, die Ihnen am meisten zusagen. Es ist recht wahrscheinlich, daß sich Ihr Geschmack teilweise verändern wird, je nach den äußeren Umständen, Phasen und Prozessen in Ihrem Leben. Aber Sie werden auch Musik finden, die Sie wie ein treuer Freund Ihr ganzes Leben begleiten wird. Halten Sie nahen Kontakt zu diesen Lieblingsstücken, singen Sie gelegentlich ihre Melodien, und lassen Sie sie durch Sie selbst erklingen. Und schaffen Sie sich auch neue Freunde und Lieblinge unter Ihren musikalischen Bekannten.

3.
Zur eigenen Musik finden

*Mein Ziel ist es, Musik für alle Menschen zu schaffen, Musik,
die schön ist und heilkräftig, zu versuchen, was alte chinesische Maler die „geistige Resonanz" in Melodie und Klang genannt haben.*

Alan Hovhaness

Unsere musikalischen Bedürfnisse und Wahlentscheidungen werden
von vielerlei Faktoren beeinflußt, unter anderem von folgenden:
1) Temperament; 2) Sinnesreaktionen; 3) Verhaltensmuster und
Kindheitserinnerungen; 4) Umgebung im Heim und am Arbeitsplatz;
sowie: 5) starke Wünsche und Ziele, Ideale, denen wir in diesem
Leben am meisten nachstreben.

Jeder von uns ist mit einem bestimmten Temperament auf die
Welt gekommen, das er innerhalb seiner Lebensspanne meistern und
ausleben muß. Jedes Temperament ist einzigartig und wird sich kein
zweites Mal genau wiederholen. Das Licht des Schöpfers und unsere
eigenen lebenswichtigen Reaktionen dringen in vielerlei Schattierungen durch unser Temperament. Diese nennt man auch die vier Elemente: Feuer, Erde, Luft und Wasser. Spirituelle Lehren fast aller
Zeiten haben diese vier Ausdrucksweisen des Lebens als solche anerkannt. Die alten Griechen hielten die vier Elemente für bestimmte
psychologische Kräfte, die im Menschen dem Willen (Feuer), dem
Körper und dem Handeln (Erde), dem Verstand und dem Denken
(Luft) und den Gefühlen (Wasser) entsprechen. Diese Lebenskräfte
sind Mächte, die in jedem von uns in unterschiedlichem Verhältnis
und verschiedenen Kombinationen potentiell vorhanden sind. In
der Astrologie bezieht sich Feuer auf die Sternzeichen Widder, Lö-
we und Schütze; Erde gehört zu den Zeichen Stier, Jungfrau und

Steinbock; Luft beschreibt die Energien von Zwillinge, Waage und Wassermann; Wasser schließlich steht für die Energien von Krebs, Skorpion und Fische. Jeder von uns verleiht dem Licht Gottes und den eigenen Lebensbedürfnissen und Wünschen durch seine individuelle Verschmelzung dieser vier Elemente in seinem Temperament Ausdruck. Wir können zwar nicht unser Temperament ändern, wir können uns damit jedoch konstruktiver ausdrücken. Wenn wir Innenschau betreiben und uns einmal beobachten, stellen wir vielleicht fest, daß ein oder zwei Elemente in unserer Persönlichkeit vorherrschen, während ein anderes möglicherweise extrem verborgen und unaktiv ist und deshalb unserer verstärkten Aufmerksamkeit und Beschäftigung bedarf, damit wir auch dadurch mehr Licht freisetzen können, wenn dies nötig sein sollte.

Versuchen Sie, sich in den vier Elementen wiederzufinden, wie sie unten beschrieben werden. Eine solche Erkenntnis kann Ihnen dabei helfen, mehr von Ihren Ihnen innewohnenden Talenten und Möglichkeiten durch diese Kanäle freizusetzen, um zu mehr Licht zu finden, Ihre starken Seiten weiterzuentwickeln und an Ihren Schwächen und blinden Flecken zu arbeiten. *Benutzen Sie die Musik auch* — um Ihren eigenen Energie-Ausdruck zu pflegen und zu aktivieren, während Ihre Kräfte durch die vier Elemente hervortreten.

Feuer

Dieser Temperament-Bereich ist äußerst intensiv, er steht sozusagen unter „Hochspannung". Das Feuer-Element handelt sofort und läßt Funken stieben. In seiner negativen Seite kann es allzu impulsiv sein, indem es spricht oder handelt, bevor es gründlich nachgedacht hat. Es kann angespannt, hyperaktiv, dominant und schnell urteilend sein, indem es gelegentlich Probleme angeht oder Kritik anmeldet, ohne zuvor die Absichten anderer ausgelotet zu haben. Die feurige Seite des Menschen gewinnt gern und akzeptiert eifrig jede Herausforderung und jede Wettbewerbssituation. Meistens ist das Feuer-Element furchtlos und manchmal auch dummstörrisch. Zu anderen Zeiten kann es sich selbst auch überschätzen und bläht sich mit Stolz und Ego nur so auf. Wird es auf negative Weise ausgelebt, begibt es sich oft auf einen Machttrip und ist bereit, alles zu tun, damit es als Star des Ganzen im Mittelpunkt bleibt. Dann führen seine Flammen zu ständigen Querelen und zum Durcheinander.

Wenn die feurige Seite des Menschen konstruktiv agiert, kann er zu einem dynamischen Anführer, zu einem wagemutigen, tapferen Pionier werden, zu einem furchtlosen Arbeiter, der wichtige Entscheidungen schnell zu fällen weiß, um dann weiterzuschreiten. Positive Feuer-Energie ist entschlossen und dennoch lernfähig, explosiv, ohne zerstörerisch zu sein, schnell und doch auch geduldig mit jenen, die langsamer sind oder eine andere Meinung vertreten. Bei aller noch so starken Zielstrebigkeit kennt die konstruktiv gelebte Feuer-Energie durchaus auch die Wertschätzung anderer und die Rücksichtnahme. Sie strahlt Selbstwertgefühl aus, ohne sich über andere erhaben zu fühlen oder pompös zu werden.

KERNSATZ: Wenn wir das Feuer in unserem Inneren entwickeln, müssen wir dabei lieben und reinigen, müssen wir unüberlegte Impulsivität, Aggressivität und Unsensibilität vermeiden.

Musikalisch gesehen mag unsere Feuer-Natur die *Kraft,* emporwogende Klänge, kräftige Rhythmen und romantische, aber dynamische Melodien, also eine Musik der Stärke. Meiner Beobachtung zufolge reagiert das Feuer-Element sehr häufig besonders positiv auf Triumphmusik:

Feuer-Musik

Bach, J. S. — Toccata und Fuge d-moll (Orchesterfassung,
  Dir.: Stokowski)
Wagner — Ouvertüre und Vorspiel zu Die Meistersinger
  — Ritt der Walküren (aus Die Walküre)
  — Siegfrieds Rheinfahrt (aus Die Götterdämmerung)
Beethoven — Fantasie für Klavier, Chor und Orchester
  — Symphonie Nr. 9
  — Symphonie Nr. 5
Verdi — Triumphmarsch (aus Aida)
Rachmaninoff — Klavierkonzerte Nr. 2 und 3
D'Indy — Les Poèmes des Montagnes
Sibelius — Finlandia
Suppé — Ouvertüre zu Dichter und Bauer

Erde

Jener Teil des Temperaments, der dem Element Erde entspricht, neigt zur Vorsicht, er ist sehr konkret und auch altmodisch. Das Erd-Element betont die Details, das Praktische, weltliche Aktivitäten, geregelte Routine und Stabilität. Es braucht Sicherheit, um sich wohlfühlen zu können. Dieser Aspekt unseres Temperaments ist verläßlich, gemächlich, befolgt sorgfältig erhaltene Befehle und legt den Akzent auf die Nützlichkeit einer Sache. Nur selten heißt er Veränderungen, kühne Visionen, neue Meinungen, Ideen oder Vorstöße ins Unbekannte willkommen. Das Erd-Element ist bescheiden und loyal und hält alles säuberlich auseinander. Es hält sich strikt an Pläne und Budgets, und es mißt die Dinge sorgfältig ab.

Wenn das Erd-Element auf konstruktive Weise agiert, so ist es konstant, ohne starr zu sein, ruhend ohne Lethargie. Ebenso ist es dann entschieden und traditionsorientiert, ohne jedoch Urteile zu verhängen oder sich provinziell zu geben. Der Erd-Aspekt ist tiefer Empfindungen fähig und weiß die Schönheiten der guten Erde und der Natur zu schätzen. Er schätzt die Verschönerung des Heims und erdhafter Orte, wie etwa das Gärtnern und die Innenarchitektur. Das Erd-Element liebt körperliche Arbeit und das Anstreben und Herbeiführen praktischer Ergebnisse aller Art.

KERNSATZ: Wenn wir unser Erd-Element entwickeln, sind wir standhaft und praktisch orientiert, doch müssen wir dabei Starrheit, Trägheit und provinzhafte, vorurteilsgeladene Einstellungen vermeiden, indem wir unseren Horizont erweitern und uns vielerlei Interessen zulegen.

Musikalisch gesehen verlangt das Element Erde nach Melodien, die warm, anheimelnd und traditionell sind, die an Freundschaft und irdische Annehmlichkeiten erinnern. Naturmusik sagt ihm zu, besonders jene, die nostalgischer Art ist und Ruhe vermittelt. Da diese Seite des Menschen das Praktische liebt, zieht sie oft Musik vor, die eindeutige Liedertexte kennt und auch eine Poesie enthält, die Sinn ergibt und sich nicht im Abstrakten verliert. Das Erd-Element zieht wörtliche, konkrete Schilderungen den bloßen Andeutungen vor, und auch schlichte, sich oft wiederholende Themen sagen ihm zu, wie auch vor allem schöne, ruhige Melodien.

Die warmen, eindringlichen Melodien von Stephen Foster feiern das Heim und das häusliche Glück, die dem Element Erde stets viel Freude bereiten. Im folgenden finden sich weitere Kompositionen, die im Einklang mit der Erde stehen. Es sind warme, melodisch angenehme und struktural eindeutige Stücke.

Erde-Musik

Dvořák — Konzert für Violoncello und Orchester
  — In der Natur
  — Waldesruhe
  — Humoresken
Brahms — Wiegenlied
  — Symphonie Nr. 3
Bruch — Schottische Fantasie
  —Violinkonzert Nr. 1
Massenet — Meditation (aus Thais)
Debussy — Clair de Lune (aus Suite Bergamasque Nr. 3)
Fauré — Requiem
Goldmark — Ländliche Hochzeit
Musik von Irving Berlin
Songs und Schlager von Perry Como, Bing Crosby, Barbara Mandrell, John Denver, Gordon Bok, Johnny Mathis, Captain and Tennille, Johnny Cash, Barry Manilow etc.
Musik von Puccini

Luft

Das Element Luft ist merkurisch. Wie ein Chamäleon verändert es sich ständig, je nach Umgebung und Gedankeneinfällen, und auch die Eindrücke der Umwelt prägen und bestimmen es mit. Die Luft beginnt mit dem eher mentalen, konzeptuellen Denken und bewegt sich aus dem Abstrakten hinein in die konkrete und praktische Situation. Es genießt die unentwegte Bewegung von Ideen und Theorien und sucht nach ständiger Abwechslung. Es ist selten kontemplativ, meidet jedoch häufig dafür die harte, körperliche Arbeit. Die Luft liebt das Phantasieren und trennt sich von ihren Träumen, sobald diese zu anstrengend werden oder ihr zuviel abverlangen. Sie ist äußerst unabhängig und freiheitsliebend, und jede Einschränkung ist ihr ein Greuel. Der luftige Teil der Persönlichkeit denkt erst nach, bevor er fühlt und empfindet, und er neigt dazu, jede Situation und jeden Menschen aufs Schärfste zu analysieren. Manchmal nimmt er nur seinen eigenen Standpunkt wahr und kann sich in die Gefühle oder Anschauungen anderer nicht hineinversetzen, weil es ihm dazu am nötigen Gespür und Feingefühl fehlt. Er kann auch sehr selbstsüchtig und oberflächlich sein.

Im günstigsten Fall überdenkt die Luft-Seite der Persönlichkeit alle Schwierigkeiten mit großem Scharfsinn und sucht nach der jeweils optimalen Lösung. Das Element Luft bohrt und hinterfragt, stellt ganz plötzlich Zusammenhänge her und durchdringt Hindernisse mit Energien, die diese zugleich reinigen und umlenken. Am konstruktivsten ist die Luft, wenn sie synthetisch vorgeht, die Dinge also in einen großen Zusammenhang bringt, das Beste in jedem Menschen und in jeder Herausforderung erkennt und danach strebt, zu einer Vereinigung der Kräfte zu gelangen, mit deren Hilfe wiederum eine größere Kreativität und ein größeres Wohlbefinden erreicht werden kann. Die Luft ist beweglich und vielseitig, ganz wie die vielen Facetten eines Diamanten, und sie kann auf vielerlei Talente und Kräfte zurückgreifen, um jedem Bedürfnis zu begegnen. Meistens ist sie objektiv und vergeudet keine Zeit auf Sentimentalitäten.

Wenn wir das Luft-Element in uns entwickeln und fördern wollen, müssen wir dazu Ideen und Möglichkeiten erforschen und ihnen nachgehen. Wir müssen lernen, Verzettelung und Oberflächlichkeit zu vermeiden. Dabei ist es wichtig, zu einer konzentrierten Kommunikation zu finden.

Musikalisch gesehen bedarf das Element Luft der rhythmischen Vielseitigkeit und klarer Melodien. Es schätzt Musik, die sich in eine bestimmte Richtung voranbewegt, dabei jedoch ein breites Spektrum verschiedener Stile und Färbungen aufweist. Es reagiert auch erfreut auf experimentelle Musik wie etwa Zwölftonkompositionen und verschiedene aleatorisch komponierte Stücke. Auch extrovertierte Musik spricht die Luft an, vor allem gängige Schlager und Hitparadenstücke, obwohl sie durch ein musikalisches Zuviel an Gefühl eher verwirrt wird. Zeitgenössische Klänge und Strukturen faszinieren das Luft-Element für eine kurze Zeit, bis es sich gelangweilt wieder von ihnen abwendet.

Es folgen nun einige musikalische Stücke, die kräftige Rhythmen, Bewegungen und Farbschattierungen aufweisen, die der Luft-Seite unserer Persönlichkeit gefallen könnten.

Luft-Musik

Iasos — Angels of Comfort
Shankar — Indian Ragas
— Concerto for Sitar
Holdridge — Other Side of the Mountain, Part 2
— Music of Holdridge
Born Free — Soundtrack
Mozart — Konzerte für Horn und Orchester
— Konzert für Klarinette und Orchester
Gershwin — Rhapsody in Blue
— Konzert für Klavier und Orchester
Rodgers — Slaughter on Tenth Avenue
Tibetan Bells
Elgar — Enigma Variationen
Joplin — Rags
Poulenc — Concert champêtre
Songs und Schlager von Bob Dylan, Mason Williams, Judy Collins, Gordon Lightfoot und Dan Fogelburg
Strauß, R. — Don Juan
— Ein Heldenleben

Wasser

Der vierte Aspekt des menschlichen Temperaments wird durch das Element Wasser symbolisiert bzw. ausgedrückt. Dieser Teil ist introspektiver, emotionaler, manchmal auch grüblerisch und melancholisch bis zum Selbstmitleid. Oft bedarf das Wasser der Einsamkeit, die jedoch nicht zu lange anhalten darf, da es sonst deprimiert und niedergeschlagen wird. Wir müssen darauf achten, daß das Wasser-Element in uns das Negative nicht überbetont und eine Situation oder einen Daseinszustand übertreibt. Wir müssen sein Selbstmitleid meiden, seine Selbstabwertung und seinen Hang zum Märtyrertum. Dennoch muß es hervortreten können, muß es sein Versteck auch verlassen dürfen.

Wenn es dem Wasser-Element gelingt, aus sich selbst herauszutreten – was meistens dadurch geschieht, daß es über sich spricht oder das Gefühl hat, daß die Bedürfnisse anderer wichtiger sind als seine eigenen –, dann kann diese Seite unseres Temperaments äußerst fürsorglich, großzügig und mitfühlend sein. Von seiner besten Seite zeigt sich das Wasser, wenn es jenseits seiner Gefühlshochs und -tiefs loyal bleibt. Oft kann es die Dinge mit großem intuitiven Wahrnehmungsvermögen erspüren und auf Wegen zu einem inneren „Wissen" gelangen, die sich nicht immer logisch erklären lassen.

Das Wasser-Element wächst daran, wenn es große Freude und ebenso großes Leid erfährt. Wenn es wirklich gut in Form ist, wird es seine Launenhaftigkeit, seinen Pessimismus und sein Selbstmitleid überwinden und jede Tragödie meistern. Am besten findet es zu sich selbst, indem es anderen in Liebe dient und sich ohne Abweichungen Gott hingibt. Oft drücken sich seine Energien dadurch aus, daß es sich einer bestimmten Sache verschreibt.

KERNSATZ: Wir können unserer Wasser-Seite gut raten: „Komm aus dir selbst heraus; verzeih und vergiß; gib dich etwas hin, das größer ist als du selbst; meide kraftzehrende Launen und Stimmungen und kämpfe gegen die Schwere an, koste was es wolle. Sei freudig!"

Musikalisch gesehen sucht das wässrige Element nach Kompositionen, die tieferes Gefühl und miteinander kontrastierende Emotionspolaritäten aufweisen und das Herz zu einer totalen Reaktion bewegen. Diese Seite der Persönlichkeit fühlt und empfindet zuerst und denkt erst später nach. Wenn man zum Dramatischen neigt, werden einem auch Stücke zusagen, die die Melancholie und die Tragödie beschwören. Noch mehr gefallen einem dann in der Regel die Melodien und die Kraft des Triumphes und des Siegs, da diese Tränen und Leid vertreiben. Große Liebesthemen, tiefe Leidenschaften und menschliches Streben können mit ihren vielen Stimmungen die wässrige Seite in uns ansprechen und erwecken.

Es folgen nun mehrere Kompositionen, die von ihren Melodien und ihrer Dramatik her Ihre Wasser-Seite anregen dürften:

Wasser-Musik

Händel — Wasser-Musik
Pavarotti — Verismo Arias
   — My Own Story
   — Bravo Pavarotti
Chopin — Nocturnes
Falla, de — Nächte in spanischen Gärten
Koto Flute
Strauß, J. — An der schönen blauen Donau
Tschaikowsky — Nur wer die Sehnsucht kennt
   — Symphonie Nr. 6 (Pathétique)
   — Ouvertüre zu Romeo und Julia
Mahler — Symphonien Nr. 4 und 6
Wagner — Vorspiel und Isoldes Liebestod (aus Tristan und Isolde)
Rimsky-Korssakoff — Scheherazade
Stivell — Renaissance of the Celtic Harp
Addinsell — Warschauer Konzert
Lara's Theme (aus Dr. Schiwago)
Love Theme (aus Exodus)
Musik von Mantovani
Nat King Cole — Stardust
   — When the World was Young
Danny Boy
Bach, J. S. — Komm, du süße Todesstude
Bath — Cornish Rhapsody
Reznicék — Donna Diana Ouvertüre
Bloch — Schelomo
Joan Baez

Ihr Temperament

Wir können unser Grundtemperament zwar nicht ändern, aber wir können es erweitern. Dabei können Beziehungen verschiedenster Art eine große Hilfe sein. Suchen Sie nach Beziehungen, die das Beste in Ihnen hervorbringen, aber pflegen Sie auch Freundschaften und Kontakte, die Ihnen neue Kanäle eröffnen, durch die sich das Leben ausdrücken kann. Nehmen Sie jede Gelegenheit wahr, Ihre „blinden Flecken" auszufüllen.

Durch die Musik können Sie lernen, jedes Element Ihres Temperaments auf dynamischere, schönere Weise einzusetzen. Mit Hilfe der in den vorhergehenden Abschnitten aufgeführten Empfehlungslisten sowie den im Anhang nachgewiesenen Kompositionen können Sie jene Musik erforschen, die das, was Sie bereits in sich haben, verstärkt oder aber auch verborgene Teile Ihres Selbst erweckt. Wenn Sie beispielsweise festgestellt haben, daß Sie die Elemente Feuer und Luft dadurch überbetonen, daß Sie stets nur laute, schwere und „schnelle" Musik hören, können Sie Ihr Leben durch neue Elemente bereichern, indem Sie auch mal einer Musik lauschen, die ruhiger, nachdenklicher und lyrischer ist. Sie werden feststellen, daß eine solche Musik Ihr Temperament beeinflußt, Ihrem Leben ein größeres Gleichgewicht verleiht und es Ihnen ermöglicht, Ihre Beziehungen und Partnerschaften als eine abgerundetere Persönlichkeit anzugehen, die wesentlich anpassungsfähiger auf verschiedenste Situationen zu reagieren vermag.

Teilen Sie Ihre Musikerlebnisse mit Ihren Freunden, aber seien Sie dabei entgegenkommend und erfreuen Sie sie auch mit Musik, die auch ihrem Temperament und ihren Bedürfnissen entspricht. Wenden Sie die Musik als Belebungsmittel an. Erweitern Sie ständig Ihren musikalischen Horizont, damit Ihre Fähigkeit, dem Licht Ausdruck zu verleihen, immer weiter wachsen kann.

Wenn Sie Ihre Musik weise und sinnvoll auswählen, werden alle Ihre Sinnesorgane geschärft werden, und gelegentlich kann es auch geschehen, daß Ihre gesamte Persönlichkeit dadurch zu einer neuen Harmonie und zur inneren wie äußeren Ausgewogenheit findet.

Visualisation. Der Gesichtssinn reagiert auf Farben, Schattierungen, Muster und Formationen. Große Musik stimuliert die Imagination und hilft dem Menschen, Szenen, Personen, Orte und Lebensdimensionen bildlich zu sehen, die ihm schließlich noch wirklicher als die Wirklichkeit erscheinen werden. Auch der bedeutende Dirigent Charles Munch erwähnt diesen Aspekt der Musik, nämlich in seiner Autobiographie *I Am a Conductor:*

> Musik ist eine Kunst, die das Unsagbare ausdrückt. Sie entsteht weit jenseits der Bedeutung von Worten oder der Definitionen der Intelligenz. Ihr Reich ist das unbestimmbare, kaum faßliche Land des Unbewußten... Die Musik suggeriert mir stets etwas: eine schlichte Farbe oder eine Landschaft oder vielleicht auch eine Empfindung, die eben nur im Klang gefühlt und ausgedrückt werden kann.

Die Stücke von Claude Debussy rufen im Zuhörer oft Bilder von Wasser-Szenen wach: Meere und Waldbäche, zum Beispiel. Die Klänge hawaiianischer Liebeslieder beschwören vor unserem inneren Auge Bilder von Inseln und verführerischen Sonnenuntergängen herauf. Texte von Nat King Cole rufen nostalgische Erinnerungen und Beziehungen aus der Vergangenheit wach. ,,Ebb Tide" erinnert den Zuhörer mit seinem Mövengeschrei und dem Geräusch des wogenden Ozeans an Strände, Brandung und Meeresufer und an die endlosen Horizonte des Lebens. Auf ganz andere Weise beschwört dagegen Wagners Vorspiel zu *Lohengrin* (1. Akt) das archetypische Muster eines Kelchs, der das Thema des Heiligen Grals ausdrückt — ein Symbol für die Suche des Menschen nach spirituellem Licht und nach der Vervollkommnung seines Wesens in Gott.

Eine große Menge bekannter Programm-Musik behandelt ganz bestimmte Geschichten und Themen, welche der jeweilige Komponist durch Melodien und Tonfärbungen ausdrückt. Eine solche Musik kann Ihre visuelle Sensibilität schärfen und Ihre Fähigkeit der Visualisation fördern. Anders als beim Fernsehen tut die Musik dies jedoch nicht dadurch, daß Sie es ,,für Sie" erledigt; sie verlangt Ihnen vielmehr die Aktivierung Ihrer eigenen Imagination ab. Niemand wird diese Musik auf dieselbe Weise ,,sehen" oder fühlen, und es gibt auch keine allein gültige Sehweise oder Bedeutung bei dieser Musik.

Hören Sie sich die Musik in einem entspannten und erwartungsvollen Zustand an. Lassen Sie die Melodien und Farben durch sich hindurchströmen, indem Sie alle Szenen oder Eindrücke, die die Musik mit sich bringt, auf sich einwirken lassen. Öffnen Sie sich der Musik und nehmen Sie an, was sie in Ihnen aufrühren sollte. Das wirkliche Wunder, nämlich die Magie der Musik wird sich Ihnen erschließen, wenn Sie sich an das Bibelwort halten: „ ... daß du erweckest die Gabe Gottes, die in dir ist" (2. Timotheus, 1,6). Vielleicht trägt die Musik Sie an andere Orte und Dimensionen des Bewußtseins, oder Sie sehen geliebte Menschen und vertraute Landschaften, die aus dem Tiefengedächtnis emporsteigen. Vielleicht sehen Sie sich selbst in neuen Rollen, mit einem anderen Aussehen, und im Geist können Sie auch andere Länder und Epochen aufsuchen. Die Musik kann Ihnen als visuelles Stimulans äußerst nützlich sein. Erleben Sie ein schönes Musikstück voller Erwartung, und lassen Sie sich von ihm davontreiben.

Es folgen nun einige ausgewählte Stücke bildhafter, beschwörender Musik:

Musik, die Bilder malt

Beethoven — Symphonie Nr. 6 (Die Pastorale)
Grieg — Morgenstimmung (aus Peer Gynt)
Debussy — La Mer
  — Nocturnes
  — La Cathédrale engloutie
Mendelssohn — Symphonie Nr. 3 (Schottische)
Holst — Die Planeten
Strawinsky — Der Feuervogel
Mussorgsky — Bilder einer Ausstellung
Wagner — Wie Todesahnung (aus Tannhäuser)
Berlioz — Symphonie fantastique
Vaughan Williams — The Lark Ascending
  — Antarctic Symphony
Strauß, J. — Donau-Walzer
Tschaikowsky — Ouvertüre zu Romeo und Julia
Respighi — Pini di Roma
  — Feste Romane
Schumann — Symphonie Nr. 1 (Frühling)
Ebb Tide

In den Klang der Musik eindringen. Sie werden niemals Ihre Identität verlieren. Statt dessen treten Sie in das Melodien-Kontinuum ein, um sich mit den zeitlosen, sich bewegenden Ewigkeiten des Lebens selbst zu verbinden. Die Musik ist eine Welt für sich, die durch die Bewegung und das Zusammenspiel von Energien erschaffen wird. Anders als Worte oder physische Gegenstände ist die Musik stets im Entstehen begriffen, bewegt sie sich ständig über sich selbst hinaus. Diese flüchtige Eigenschaft der Musik wird sehr schön von Anais Nin beschrieben:

> Die Musik birgt die Bewegungen des Lebens, die verketteten Ereignisse, die es komponieren, es ausmachen, das ewige Zerschmelzen einer Note vor einer anderen, um ein Lied zu erschaffen. Die Noten müssen voreinander verschmelzen; sie müssen sich verlieren, nachdem sie ihre Seele zum Wohle des Ganzen aufgegeben haben. Eine Note mag noch so schön sein — sie kann nicht für immer allein ertönen. Sie muß vergehen, wie alle Dinge vergehen müssen, um jene gewaltige Komposition hervorzubringen, die das Leben ist.

Musikalische Klänge, vor allem wenn sie melodisch sind, heben einen aus der Schwere und der Begrenztheit heraus. Sie können dem Menschen helfen, Starrheit und stumpfsinnige Wiederholungen zu durchbrechen. Lauschen Sie einmal den sich ausdehnenden Klängen einer Flöte, und Sie werden wie von Schwingen getragen davonfliegen oder umhertreiben wie der Wind. Begeben Sie sich in das schwungvolle Fließen und Glissando von Harfenmusik, und Sie werden sich frei und schwerelos fühlen, werden in luftigere, unbeschwertere Atmosphären und in eine neue Welt der erweiterten Gefühle emporgehoben. Der Klang eines Cello ist tiefer und äußerst seelenvoll, und oft erweckt er Gefühle der Hingabe und der Sehnsucht.

Lauschen Sie aber auch den Geräuschen der Natur, den rauschenden Bächen, dem Wind, der in den Wipfeln spielt, dem Gesang der Vögel oder dem Branden der Meereswogen. Eine derartige lebende Musik wird Sie inspirieren und Ihnen helfen. Schöne Musik ist wie ein magischer, fliegender Teppich, der einen in die Pracht Gottes emporträgt und die Verbindung zu den wohltönenden Harmonien der Sphären herstellt.

Es folgen nun einige ausgewählte Stücke, die Ihren auditiven Sinn erweitern und Ihr Bewußtsein erheben werden:

Musik, die den Gehörsinn erweitert

Paul Horn — Inside the Taj Mahal
Carlos (Wendy) — Sonic Seasonings
  — (besonders: „Fall")
Environments
Dexter — Golden Voyage I, III
Tibetan Bells
Palestrina — Missa Papae Marcelli
Humperdinck — Abends, will ich schlafen gehen (aus Hänsel und
  Gretel)
Hovhaness — Mysterious Mountain

Manche Stücke werden Sie glücklich machen, Ihnen Mut verleihen und Ihre Liebe wecken, während andere in Ihnen vielleicht Erregung, Ärger oder Verwirrung wachrufen. Suchen Sie sich Musik aus, die Ihnen helfen kann. Meiden Sie Klänge, die Sie auslaugen und unruhig machen. Gehen Sie wählerisch mit Ihrer Musik um. Füllen Sie Ihr Leben mit schönen Klängen und nicht nur mit Hintergrundgeräuschen. Pflegen Sie die Erbauung, die Ihnen die Musik bescheren kann.

Stellen Sie fest, in welchen Bereichen Ihre Musik Sie berührt. Erweitert sie Ihr Herzzentrum, macht sie Sie liebevoller, erfüllt sie Sie mit gutem Willen? Stimuliert sie Ihren Geist und gestattet sie es Ihrem Gehirn, mit größter Klarheit zu funktionieren? Wie wirkt sich die Musik auf Ihren Körper aus? Fühlen Sie sich stärker, geschmeidiger, anmutiger, wenn Sie Musik gehört haben? Möchten Sie mit befreienden Bewegungen tanzen, oder bewirkt die Musik, daß Sie gereizte Zuckungen bekommen, vor Erregung beben und unter nervösem Kopfweh leiden? Indem Sie sich bewußt werden, welche Stellen von der Musik beeinflußt werden, werden Sie auch dazu fähig, die Musik dafür einzusetzen, die Energie an jene Stellen zu leiten, die ihrer bedürfen, oder die Energie dort aufzulösen, wo sie sich staut.

Pflegen Sie jene Musik, die Sie erbaut und erhebt, die Ihnen dabei hilft, sich gut zu fühlen und Sie energetisiert, um auf diese Weise konstruktive, kreative Ziele zu verwirklichen. Meiden Sie Töne und Klänge, die Sie in die Tiefe ziehen und auslaugen oder Sie zu einem nicht mehr kontrollierbaren, verwirrten, „zombieähnlichen"

Roboter machen, der sich leicht von negativen, zerstörerischen Kräften beherrschen läßt.

Die Kraft großer Musik kann Ihnen auch dabei helfen, bestimmte Verhaltensweisen und Angewohnheiten festzustellen und zu verändern, die Sie noch aus Ihrer Kindheit mit sich herumtragen. Kindheitseinflüsse und noch tiefer liegende seelische Erinnerungen haben uns dazu gebracht, Erfahrungen und Eindrücke aufzunehmen, die noch heute ihre Spuren in uns hinterlassen, wie tiefe Fingerabdrücke im Bewußtsein und Unterbewußtsein. Dr. Alexander Lowen (der Autor von *Bioenergetik*) und Moshe Feldenkrais (Bewegungstherapeut und Autor von *Bewußtheit durch Bewegung*) sind Pioniere dieses Ansatzes, die uns gezeigt haben, auf welche Weise der Körper Erinnerungen in seinen Muskeln und Gelenken speichert. In ihren Untersuchungen über Körperreaktionen haben sie nachgewiesen, daß selbst unsere Muskeln und unser physischer Gesamtorganismus oft die Erinnerungen und Reflexmuster der Vergangenheit beibehalten. Manchmal klebt eine einzige Kindheitserinnerung wie Leim an uns und verklebt uns entweder Gelenke und Muskeln oder verkrampft unsere Emotionen und unsere Denkmuster. Körperübungen können auch geistige Erinnerungen freisetzen. Die Musik kann diesen Vorgang erleichtern und dabei helfen, viele der Blockaden und Überkreuzungen in unserem System zu lösen, sogar jene, die uns noch nie bewußt geworden sind. Große Musik kann einen verstärkten Energiestrom durch den physischen Körper leiten, wie auch durch die Emotionen und den Geist.

Bei meinen Musiktherapiesitzungen, die sowohl im privaten Rahmen als auch in Schulen und Pflegeheimen durchgeführt wurden, habe ich mitansehen können, wie die heilende Kraft der Musik steife Gelenke und Muskeln wieder geschmeidig macht. Ich habe eine Frau erlebt, die zum Klang von Bizets *Carmen* (Euren Toast .... Auf in den Kampf) begann, sich frei und ungebunden in ihrem Rollstuhl zu bewegen; später begann sie zu lächeln und verlor noch mehr Angst und Spannungen, als sie Chopins Walzern lauschte. Ein anderer Patient — ein Mann, der oft sehr zänkisch und äußerst schwer zu behandeln war — wurde plötzlich wesentlich hilfsbereiter, nachdem er Bachs *Brandenburgische Konzerte* und eine Symphonie von Haydn gehört hatte.

Der große Komponist Sergej Rachmaninoff konnte sich mit seinem eigenen *Klavierkonzert Nr. 2* heilen. Sein größtes Problem waren die Depressionen, die hauptsächlich von Kindheitserinnerungen und vom Heimweh nach seinem geliebten Rußland herrührten. Er stellte sich dieser Herausforderung, indem er Visualisation und Mentalsuggestion übte und sich dabei der Schwingungen der Musik bediente.

Auch Sie werden Stücke finden, die eine niedergedrückte Stimmung, eine unterdrückte Erinnerung oder einen blockierten Teil Ihrer selbst durchdringen bzw. überwinden können. Die folgenden Ratschläge sollen Ihnen dabei helfen, weiterzukommen:

Erinnern Sie sich Ihrer Vergangenheit und geben Sie sie frei. Suchen Sie sich drei Ihrer Lieblingsstücke aus, die Sie besonders mögen, weil sie Ihnen stets eine angenehme Stimmung bescheren. Lauschen Sie der Musik und halten Sie einen Notizblock schreibbereit. Spüren Sie, wo und wie Sie die Musik fühlen und wahrnehmen. Dann gleiten Sie in Ihre Kindheit zurück: Öffnen Sie sich den Szenen und Erinnerungen, die tief in Ihrem Inneren gespeichert sind. Gestatten Sie ihnen, an die Oberfläche emporzusteigen, und schreiben Sie diese Erinnerungen auf.

In einer Haltung dankbaren Annehmens bitten Sie die Ewige Gegenwart, Ihnen durch die Musik das zu enthüllen, was Sie wissen müssen, um die Blockade oder das Hindernis zu beseitigen, welche Ihnen im Weg sind. Vielleicht handelt es sich dabei um eine frühe Szene, in denen Ihre Eltern oder Geschwister eine Rolle spielen. Vielleicht ist es auch die Erinnerung an ein Haustier, an einen schmerzlichen Anblick oder an ein ebensolches Geräusch, an eine persönliche Enttäuschung. Vielleicht gibt es in Ihrem Leben aber auch etwas, das noch immer unerledigt ist — etwas, das Sie erst zu Ende führen müssen.

Beendigung oder das Erledigen nicht beendeter Angelegenheiten ist oft erforderlich, zumindest in gewissem Umfang, bevor man weiterschreiten kann. Wenn Tod oder Trennung diese Beendigung physisch verunmöglichen, so kann man *jetzt* immer noch reden, fühlen und konstruktiv handeln, um das, was man so lange in seinem Inneren gefangengehalten hat, endlich loszulassen. Wenn es sein muß, stellen Sie sich die Person, mit der Sie sprechen möchten, einfach vor, z.B. wie Sie Ihnen gegenüber auf dem leeren Stuhl sitzt. Sprechen Sie mit ihr, als wäre sie wirklich und körperlich anwesend, und zwar in der Gegenwartsform. Lassen Sie die Musik dabei alle tiefen Gefühle, die Sie loswerden wollen, aus Ihrem Wesen herausspülen. Lassen Sie jene lang aufgestauten Emotionen fahren, die Sie stets verkrampft gemacht und erstickt haben. Beenden Sie *jetzt*, auf liebevolle und konstruktive Weise, was Sie frustriert und in Ihrem Inneren unvollendet geblieben ist. Vermeiden Sie schmerzliche und destruktive Reaktionen, denn diese verlängern die Disharmonie nur noch und zapfen Ihnen Ihre Energien ab. Sie sollten auch nicht unehrlich sein oder allzu höflich dabei vorgehen. Durch die Musik können Sie mit Bestimmtheit, Ehrlichkeit und Liebe zueinander sprechen; Sie können es sich erlauben, zu verzeihen und Verzeihung zu erlangen; und Sie können selbst feststellen, wie sich unerledigte, ungelöste und unausgedrückte Erfahrungen am besten bewältigen lassen, die Ihnen viel-zu lange wie ein Klotz am Bein erschienen sind.

Große Musik kann mancherlei Lösungen herbeiführen oder bewirken. Sie kann Ihnen dabei helfen, zerbrochene Beziehungen wieder zu heilen und Sie ermutigen, neue aufzubauen. Schöne Musik stimuliert Sie auch dazu, Ihre eigene Trägheit, Ihre Negativität und Ihr Zögern zu überwinden. Die dynamische Aufladung großer Musik läßt es nicht zu, daß Sie in Stimmungen wie Zorn, Selbstmitleid, Frustration, Reue oder Traurigkeit (die oft nichts anderes ist als nach innen gewandter Zorn) verbleiben. Statt dessen wird sie Sie stets vorwärts und aufwärts tragen, wird sie Ihnen helfen, zu Möglichkeiten zu finden, um die Vergangenheit loszulassen und Freude und Kreativität in Ihrem Inneren zu wecken. Sie öffnet Ihr Herzzentrum für die Energien bedingungsloser Liebe.

Erinnern Sie sich an schöne Musikerlebnisse. Führen Sie Tagebuchaufzeichnungen über Ihre schönsten Musikerlebnisse. Rufen Sie sich ein Lied ins Gedächtnis, das Sie als Kind gelernt haben, und versuchen Sie, es wieder einmal zu singen; erinnern Sie sich an das erste Mal, als Sie mit einem Musikinstrument in Verbindung gekommen sind, sei es nun ein gekauftes oder ein selbstgemachtes. An welche Konzerte können Sie sich erinnern, und welche Gefühle hatten Sie dabei? Können Sie sich daran erinnern, einmal im Chor gesungen zu haben? Hat die Musik Sie mit neuen Freunden zusammengebracht? Welche Lieblingsreisen oder -orte verbinden Sie mit bestimmten Musikstücken? Wann haben Sie Ihre erste Musikaufnahme gekauft, und was empfanden Sie dabei, als Sie sie abspiel-

ten? Halten Sie in Ihrem Tagebuch alle lieben Erinnerungen an große Musik fest.

Inwieweit hat Musik Ihre Sensibilität und Ihren Horizont erweitert? Wie hat Sie Ihnen dabei geholfen, die Farben, den Klang, die
Sitten und das Wesen der Menschen anderer Nationalitäten, Kulturen, Religionen und Epochen schätzen zu lernen? Wie setzen Sie
heute Musik dazu ein, um – interpersonal wie auch spirituell – zu
wachsen, sich weiter zu entwickeln.

Vor kurzem habe ich mich einmal hingesetzt und eine Stunde
darüber nachgedacht, auf welche Weise die Musik mein Leben bereichert hat. Ich will nun einige meiner persönlichsten Musik-Er-
innerungen preisgeben, teilweise, um meine Erfahrungen mit meinen Lesern zu teilen, aber auch, um einen möglichen Weg aufzu-
zeigen, wie man ein musikalisches Tagebuch führen könnte.

Ich wurde am Broadway in New York City geboren und erlebte
schon in frühester Kindheit Musik in vielerlei Färbungen, da es dort
Musik aller Länder, Rassen und Kulturen zu hören gibt. Selbst jetzt
noch, da ich diese Zeilen schreibe, kann ich mich an die wunderschönen walisischen Lieder und Hymnen erinnern, die meine Mutter bei der Hausarbeit zu singen pflegte. Später, als ich auf den Geh-
steigen unserer Nachbarschaft spielte, hörte ich ein internationales
Potpourri, das aus allen Fenstern, Hinterhöfen und Geschäften er-
klang. Aus Blumentals Wäscherei, die sich einen Block weiter die
Straße aufwärts befand, wie auch aus dem Wohnzimmer der Millers
im ersten Stock erklangen seelenvolle hebräische Musik und fromme
Gesänge. Von der anderen Straßenseite tönten kräftige südamerika-
nische Rhythmen, Rumbas und fröhliche Festmusik zu uns her-
über, die oft bis in die frühen Morgenstunden gespielt wurden. In
unserem Hof konnte man die Klänge eines chinesischen Koto mit
Flötenbegleitung hören. Hinter unserem Etagenhaus befand sich ein
kleiner Konvent mit einem Garten, in dem der Gesang der Vögel
die gregorianischen Chöre und andere Gottesdienstmusik der dorti-
gen Nonnen begleitete. Wenn ich im elften Stock aus dem Fahrstuhl
stieg, hörte ich oft wehmütige Geigenklänge, Melodien von Fritz
Kreisler, aber auch lebhafte Polkas und Walzer von Strauß.

Unten im siebten Stock wohnte mein russischer Freund Nicholas.
Dort hörte ich zum ersten Mal die russischen Melodien von Tschaikowsky, Glinka sowie die Baßstimme von Schaliapin, und in der

Nacht erscholl die Balalaika. Donnerstags abends hörte ich im Radio, wie der Einsame Ranger mit einem geraden Haken Bankräuber unschädlich machte, wobei die Verbrecher oft synchron zur letzten Note des Crescendos aus Wagners *Fliegender Holländer* mit dumpfem Aufprall zu Boden gingen. Dann erscholl das bewegende Finale aus der Ouvertüre zu Rossinis *Wilhelm Tell*, während der maskierte Mann und Tonto auf die Berge zu ritten, dem Sonnenuntergang entgegen. Ich lernte in den episkopalischen und lutherischen Kirchen, morgens Hymnen und liturgische Stücke zu singen, während meine erste richtige Begegnung mit der Oper stattfand, als meine Mutter mich einmal mitnahm, um Mario Lanza zu hören, der die Rolle des Caruso spielte.

Am beeindruckendsten war für mich der Zauber des Symphonieorchesters: über hundert Musiker, die gemeinsam Musik machten! Das war in den frühen fünziger Jahren im Lewisohn Stadion in New York City, wo ein junger Japaner mit 'Crewcut', der als Gast nach Amerika gekommen war, zum Sonnenuntergang das Orchester dirigierte und eine äußerst dynamische Vorführung von Tschaikowskys *Vierter Symphonie* gab. Das war Seizi Ozawa, und seit dieser Zeit fühle ich mich mit ihm verbunden und träume sogar manchmal davon, ihm einmal persönlich zu begegnen. Vielleicht liegt der Grund dafür in den äußerst deutlichen Erinnerungen, die ich an seine erste Aufführung in Amerika habe, vielleicht liegt es aber auch daran, daß ich in der Nähe von Boston arbeitete, als er musikalischer Direktor und Dirigent des wunderbaren *Boston Symphony Orchestra* wurde. Vor kurzem konnte ich die gute Arbeit bewundern, die Ozawa und seine Kollegen durch ihre freundschaftliche Verbundenheit mit China leisten, indem sie gemeinsam große Musik des Ostens und Westens spielen. Ich war tief beeindruckt und erfreut, als Ozawa ein ganzes Orchester aus seiner Heimat nach Amerika brachte, das in brüderlicher Eintracht mit Amerikanern Beethovens *Neunte Symphonie* spielte.

Ich erinnere mich auch noch an die Freude und die Herrlichkeit, die mich durchfluteten und mir eine gewaltige Kraft verliehen, als ich eines Morgens in der Riverside Church einen Gastprediger namens Dr. Martin Luther King hören durfte. Über 3000 Leute erhoben sich von ihren Plätzen und sangen gemeinsam die *„Schlachthymne der Republik"*, während der Organist Virgil Fox die mächtige Orgel mit einer solchen Wucht spielte, daß eine tiefe Schwingung mein Herzzentrum und meinen Solarplexus durchflutete. An diesem Morgen war das riesige Heiligtum von wahren Melodiekaskaden erfüllt, und eine tiefe religiöse Ergriffenheit verbreitete sich in der Gemeinde, bis es schien, als würde diese sich mit den zu uns herabsteigenden Himmelschören verbinden, die uns alle inspirierten. Es hatte fast den Anschein, als würden die Anwesenden in einer Spiralbewegung aus sich selbst herausgehoben, um über Grants Grabmal auf die andere Straßenseite zu schweben, vorbei an dem riesigen Kathedralenturm, dem Himmel entgegen.

Seit meinem zwölften Geburtstag, als ich meine ersten Schallplatten in einem alten Buchladen in der Nähe des Bronx Zoos kaufte — es waren zwei reichlich mitgenommene 78er mit Mozarts *40. Symphonie* und Beethovens *Ouvertüre zu Egmont* — hat mich die Musik begleitet wie ein heiliger Kamerad. Obwohl ich selbst noch kein vortragender Künstler bin, ist mir die Musik ein intimer Freund geworden, der mein Leben ständig bereichert.

Auf ähnliche Weise wurde die Musik für mich auch zu einem Tor, das mich in die Gegenwart Gottes führte sowie in die Sphären, die ihm dienen. Oft haben mir die magnetischen Ströme großer Musik das Gefühl gegeben, gleichzeitig demütig und unbesiegbar zu sein. Durch die Musik habe ich eine Freude erfahren, die sich in Worten nicht ausdrücken läßt, und sie hat mir wahrhaftige Einblicke in das Licht beschert, die man nur mystisch und tiefspirituell nennen kann.

Ich erinnere mich an die Bemerkung des Komponisten Berlioz, daß Musik und Liebe „die beiden Schwingen der Seele" sind, und ich stimme auch den beseelten Worten des großen Komponisten Delius zu:

Die Musik ist ein Aufschrei der Seele. Sie ist eine Offenbarung, etwas, was verehrt werden muß. Für uns sind die Darbietungen großer musikalischer Werke das, was die religiösen Riten und Feste für die Antike waren — eine Einweihung in die Mysterien der menschlichen Seele.

Musik kann unsere Stimmungen verändern, kann uns mit Energie erfüllen, uns in geistige Höhen emporheben. Auch die Geräusche des Alltags beeinflussen uns. Denken Sie einmal einige Minuten darüber nach, in welchem Umfang Töne, Klänge und Geräusche Ihr Leben mitprägen. Welche Geräusche herrschen in der Umgebung ihres

Heims und Ihres Arbeitsplatzes vor? Wieviele dieser Geräusche und Töne empfinden Sie als angenehm? Welche von ihnen erhöhen Ihren Energiepegel, und welche Alltagsgeräusche wirken verwirrend, lärmend, chaotisch oder ermüdend auf Sie? In seinem Buch *Freedom From Depression* spricht sich der Psychiater James E. Johnson für heilsame Musik aus, warnt jedoch vor den negativen Auswirkungen zeitgenössischer Rhythmen sowie vor der Kakophonie des Rock-and-Roll, von dem er meint, daß er nur vorgäbe, Musik zu sein. Er hat Rhythmen in dieser Musikgattung entdeckt, die auf gefährliche Weise Depressionen und Verspannungen begünstigen. Auch andere Disziplinen sind zu ähnlichen Ergebnissen gekommen, doch es ist unwahrscheinlich, daß Rock-and-Roll an Popularität einbüßen wird, denn immerhin lassen sich damit Milliarden und Abermilliarden verdienen.

In seinem ausgezeichneten und informativen Buch *Der Körper lügt nicht* beschreibt Dr. John Diamond, welch große Rolle Klänge und Musik in unserem Leben spielen. Dr. Diamond ist ein bekannter Therapeut auf dem Gebiet der Bewegungstherapie, bei der die Bewegungen und Reaktionen des menschlichen Körpers untersucht werden, sowie die Frage, inwieweit sie auf den organismusinternen Energien und auf der Umwelt beruhen. Er schreibt dazu:

Wenn wir die richtigen Klänge hören, können wir alle belebt, mit Energie angereichert und in Balance gebracht werden. Übereinstimmend mit dem hat man klinisch demonstriert, daß Musik zur allgemeinen Gesundheit und zum Wohlbefinden beiträgt. Folglich kann Musik eine wichtige Rolle in unserem Programm für primäre Prävention spielen, sie hilft uns, Krankheiten auf der vorärztlichen Ebene der Energieausgeglichenheit zu verhindern.

Wenn wir also davon ausgehen können, daß die Musik ein wichtiger Faktor in unserem Leben ist, stellt sich als nächstes die Frage, welche Musik denn nun die beste ist. An einer späteren Stelle berichtet Dr. Diamond über die Ergebnisse sorgfältiger Forschungen auf dem Gebiet der Einwirkungen von Musik sowohl auf Pflanzen als auch auf den menschlichen Organismus. Diese Ergebnisse decken sich auch mit den Resultaten anderer Forscher. Er ließ die Muskel-„sperre" bei Testpersonen messen, die eine Weile Musik gehört hatten, und schreibt dazu (Seite 157):

Bei Hunderten von Testpersonen stellte sich heraus, daß Rock-Musik häufig eine Schwäche aller Körpermuskeln auslöst. Normalerweise ist beim männlichen Erwachsenen ein Druck von 40 bis 45 Pfund notwendig, um die Kraft des starken Deltamuskels zu überwinden. Dagegen ist nur ein Druck von 10 bis 15 Pfund notwendig, wenn Rock-Musik abgespielt wird.

... jeder größere Körpermuskel steht mit einem Organ in Verbindung. Das bedeutet, daß die tägliche Flut von Pop-Musik alle unsere Körperorgane negativ beeinflußt. Wenn wir einmal die Stunden, in denen auf der ganzen Welt Radio gehört wird, zusammenzählen, erkennen wir, mit welch enormen Problem wir konfrontiert werden.

Nach sorgfältigen Studien kann ich mit diesen Ergebnissen voll übereinstimmen. Dr. Diamond entdeckte, daß bestimmte Rockmusik, etwa die der Beatles, nicht diesen Effekt hat, doch ist auch deren Rhythmus potentiell schädlich. So schreibt er (Seite 164):

Der abnormale Rhythmus der Rockmusik (anapästisch: da-da-DA) und die Lautstärke verbinden sich miteinander, um uns zu schwächen. Man kann Krach definieren als ein Geräusch, das ab einer bestimmten Intensität die Körperenergie schwächt. Schädliche Musik hat bei jeder Lautstärke diesen negativen Effekt. Muzak und der größte Teil der elektronischen Musik wirken sich weder positiv noch negativ aus. Gute Musik und fast alle natürlichen Geräusche stärken bei jeder Lautstärke. Wenn Sie aber gute Musik so laut abspielen, daß es zu Verzerrungen kommt, wird ein schwächender Effekt ausgelöst.

Untersuchungen haben ergeben, daß bestimmte Musik bei wiederholtem Hören die Energie-Systeme des menschlichen Organismus schwächt, das Denken verwirrt, zu einer Gefühls-Desorientierung und zu einer Verkehrung des Wertesystems führt. Es gibt Untersuchungen, die belegen, daß das Hören einer zu großen Menge dissonanter Geräusche im Körper eine Taubheit erzeugt und eine Verwirrung zwischen beiden Gehirnhälften bewirkt, was wiederum dazu führt, daß Reaktionen und Wahrnehmungen plötzlich von der falschen, weniger geeigneten Gehirnhälfte bearbeitet bzw. ausgelöst werden. Dies wiederum scheint die Sensibilität eines Menschen zu beeinträchtigen, so daß die Häßlichkeit zu einer Attraktion wird. Solche Menschen suchen schließlich ganz bewußt das Chaos, die Unruhe und die Unordnung im Leben, weil sie ihr Unterscheidungsvermögen verloren haben und nicht mehr zwischen Förderlichem und Schädlich-Zerstörerischem zu trennen wissen. Wenn sie diese Stufe erreicht haben, verlieren sie sogar alles Gespür für Schönheit und positive Werte und sehnen sich so gut wie ausschließlich nach dem, was sie vernichtet. So wächst die Verwirrung, und die beeinträchtigte Widerstandsfähigkeit kann zu einem völligen Zombieismus führen, bis diese Menschen überhaupt keine Kontrolle mehr über sich selbst oder ihr Tun haben. Der zeitgenössische Autor Albert Roustit beschreibt in seinem Buch *Prophecy in Music* diesen Zustand:

Der Unterschied zwischen Musik und Lärm scheint sich immer mehr zu verwischen: Melodien und Worte werden ersetzt durch Gekreische, das lediglich noch von hektischen Rhythmen begleitet wird, und als Ergebnis sehen wir häufig eine Art kollektiver Hysterie, ähnlich der, wie man sie bei Primitiven findet.

Begibt man sich unter dem Einfluß einer solchen rhythmischen Erregung und Reizung in eine Trance, so bedeutet dies, daß man für einen Augenblick den Zustand der Zivilisiertheit verläßt, um in einen der Wildheit zu verfallen, in dem die Bestialität aus den Tiefen der menschlichen Natur emporsteigt, und zwar auf eine viel zu heftige, mächtige Weise, als daß eine geschwächte Spiritualität dergleichem noch gegensteuern und korrigierend einwirken könnte.

Leider ist dieser Zustand heute bereits zur Norm geworden, so daß Menschen, die für gewöhnlich unter dem Einfluß von Hard Rock stehen, in der Regel ihren eigenen „Entgiftungsprozeß" benötigen, wenn man sie nicht mit gesünderen Zuständen konfrontieren kann, damit sie erkennen, daß es auch Alternativen zum reinen Lärm gibt, etwa die Stille oder schöne, harmonische Klänge. Meistens wird eine derartige Alternative erst dann anwendbar, wenn es zu einer Erkrankung kommt oder wenn keine freie Wahl mehr möglich ist. Deshalb werden zukünftige „Heilumgebungen" auch kontrolliert werden, besonders hinsichtlich der in ihnen gespielten

Musik. (Siehe Ismael, *The Healing Environment*.)

Schon die Erwartung bestimmter Musik kann nichtsahnende Zuhörer ent-menschlichen. Wir alle tragen auch unsere primitiven Vorfahren in unserem Inneren mit uns herum. Manche Klänge können uns auf eine Bewußtseinsstufe zurückbefördern, wie wir sie vor langer Zeit einmal besaßen, während andere Melodien uns weitertragen, uns edel machen und unser ganzes Wesen zu einer größeren Verfeinerung, Schönheit, Kreativität und Evolution, hinaus aus der Degeneration, der Grausamkeit und sogar der Kriminalität führen. Zu einem großen Teil sind wir tatsächlich „das, was wir hören".

Wir stehen heute an einem Wendepunkt. Die lichten und die zerstörerischen Kräfte werden immer polarisierter. Wenn wir zu einem neuen Erwachen weiterschreiten wollen, sehen wir uns vor viele wichtige Entscheidungen gestellt, selbst was die Musik angeht, die wir kaufen und uns anhören. Vor kurzem hat eine Gruppe junger Leute ihre ganze Sammlung destruktiver, chaotischer Musik öffentlich verbrannt. Dieser Scheiterhaufen brennender Schallplatten war ihre Erwiderung auf das, was sie für häßliche, erniedrigende musikalische Einflüsse in ihrem Leben hielten. Sie beschlossen, eine andere Richtung einzuschlagen, solange sie empfindlich und feinfühlig genug waren, eine solche Wahl zu treffen.

Destruktive Musik fügt großen Schaden zu, und zwar nicht nur dem physischen Körper des Menschen, sondern auch seinem Gefühlshaushalt und seinen Denkprozessen. Solche Töne beeinflussen Ihre gesamte Aura und bewirken, daß Sie sich psychisch zerrissen fühlen, ja zerstückelt, verängstigt, zänkisch, isoliert, verspannt und ziellos. Solche stressigen, häßlichen Töne machen auch Ihre Pläne zunichte und vernebeln und vereiteln Ihre Ziele. Was aber das Allerschlimmste ist: Dissonante Musik entfremdet Sie von Ihrem inneren Mittelpunkt der Leitung, schneidet Sie von der bewußten Vereinigung mit dem Schöpfer ab, läßt Sie verloren und verlassen zurück und setzt Sie der Kontrolle negativer Schwingungen aus. Darüber hinaus haben Dorothy Retallack und andere nachweisen können, daß häßliche Rockmusik Pflanzen sogar töten kann.

Wieviel freudiger und erfüllter kann das Leben dagegen werden, wenn wir schöne Melodien in unsere Alltagsumwelt integrieren! Der herausragende finnische Komponist Jean Sibelius hatte recht, als er einmal sagte, daß die Melodie die Seele großer, heilsamer Musik ist. In den folgenden Kapiteln und im Anhang finden Sie weitere Kompositionen, die Sie mit ihren wiederbelebenden Melodien, Rhythmen und Harmonien erfrischen und nähren können. Auch andere Menschen werden die Musik hören, die Sie spielen, und wenn sie dafür empfänglich sind, wird sie mit ihnen verwachsen, bis sie anfangen, solche Musik geradezu zu erwarten.

Welches sind zur Zeit Ihre wichtigsten Lebensziele? Hängen Sie in erster Linie mit weltlichen Aktivitäten zusammen? Geht es Ihnen hauptsächlich um gesellschaftliches Akzeptiertwerden und um gute Beziehungen zu Ihren Bekannten? Liegen Ihre Ziele zum überwiegenden Teil im Bereich des Heims und des Familienlebens, oder im künstlerischen Ausdruck oder in der wissenschaftlichen Forschung? Oder ist es ein weitgehend unsichtbares, inwendiges Verlangen, den Schöpfer durch immer größer werdendes Dienen zu erkennen und zu lieben, das Sie antreibt? Was immer Ihr Streben sein mag — die Musik kann Ihnen helfen, diese Träume Wirklichkeit werden zu lassen. Die Vorschläge in diesem Buch können Ihnen dabei behilflich sein, zu jenen musikalischen Werken zu finden, die Sie am tiefsten berühren und die Ihnen die Kraft geben, Ihre wichtigsten Ziele zu verwirklichen und Ihren Lebenssinn zu erfüllen. Wenn Sie sich die Zeit nehmen, sich für große Musik zu sensibilisieren und auch Ihr Wissen darum zu erweitern, dann wird diese Ihren Alltag bereichern und erweitern, um Sie mit einer größeren Zielstrebigkeit auszustatten, Ihnen größere Kreativität und Durchhaltevermögen zu bescheren und Sie zu einer klareren Sicht Ihrer höchsten Ziele und Ideale in diesem Leben zu führen.

4.
Musik für den Alltag

Wenn wir die Möglichkeit schaffen könnten, daß jeder Mensch zuhause qualitativ perfekte, quantitativ unbegrenzte und für jede Stimmung geeignete Musik zur Verfügung hätte, die er nach Belieben einsetzen lassen oder beenden könnte, dann hätten wir bereits den Gipfel menschlichen Glücks erreicht.

Edward Bellamy

Jetzt ist die Zeit! Jeder Tag Ihres Lebens ist von größter Wichtigkeit und enthält viele neue Möglichkeiten des Wachstums und der Weiterentwicklung. Je schöpferischer und empfänglicher Sie Ihr Leben angehen und betrachten können, um so weniger werden Sie sich langweilen oder sich niedergeschlagen und besiegt fühlen.

Um so viele Chancen wie möglich wahrzunehmen, sollten Sie Ihren Tagesablauf sorgfältig planen und möglichst vereinfachen. Überlegen Sie sich, wieviel Routine Sie brauchen, um sich sicher zu fühlen, und wieviel Abwechslung und Spontaneität Sie verkraften können. Sorgfältig ausgewählte Musik wird Ihnen dabei helfen, Stabilität, Abwechslung und Möglichkeiten der Kreativität nach Ihren Bedürfnissen zu erkennen und wahrzunehmen. Schöne Melodien, die Ihrem Tagesplan entsprechend ausgewählt wurden, helfen Ihnen dabei, sich zu konzentrieren und dem Streß mit Kraft und Macht zu begegnen. Sie werden auch jeden Ihrer Tage mit neuer Vitalität erfüllen und Sie beschwingen, so daß Ihr Lebensstrom glatter fließen kann.

Das Aufwachen

Es ist äußerst irritierend, von einem lauten Wecker geweckt zu werden. Viel gesünder ist es, auf natürliche Weise aufzuwachen, mit Sonnenlicht und den Geräuschen der Natur, oder aber auch zu den Klängen schöner Musik. So, wie man im Schlaf oft auf weite Reisen geht, sollte man auch nur langsam wieder in den eigenen Körper zurückkehren.

Während des Schlafs kann man nach dem Licht greifen – wie ein gewaltiger Energiestrom, der aus dem physischen Körper hervortritt –, um an anderen Orten zu heilen und zu dienen, oder um sich einer Herausforderung seitens des eigenen Unter- oder Unbewußten zu stellen. Vielleicht haben Sie es selbst schon erlebt, wie Sie im Schlaf einen anderen Ort aufsuchen, um dort etwas Wertvolles zu erfahren, das ihnen später im Wachzustand helfen kann. Auch in der Bibel wird derartige ,,Astralprojektion'' durch die ,,Silberschnur'' erwähnt (Prediger, 12,6). Wenn Sie in Ihren physischen Körper ,,zurückkehren'', sollten Sie dies nicht mit einem plötzlichen Ruck tun. Seien Sie also klug bei der Auswahl Ihrer Weckmethode und vermeiden Sie dabei, so gut es geht, alle psychischen Schocks. Beten Sie vor dem Einschlafen darum, am Morgen zur richtigen Zeit aufzuwachen. Vertrauen Sie den Schutzengeln Gottes und Ihrem eigenen Bewußtsein, um dies zustande zu bringen.

Wenn dies am Anfang noch nicht funktionieren sollte, stellen Sie einen Radiowecker auf einen Sender ein, der schöne, ruhige Stücke spielt, die Sie mit ihren Melodien langsam und ruhig in den neuen Tag ,,zurückholen''. Besonders geeignet ist dafür Streicher- oder Flötenmusik. Wenn Sie dazu neigen, nach dem Aufwachen sofort wieder einzuschlafen, sollten Sie es mit einer etwas lebhafteren Musik versuchen, doch meiden Sie dabei Bässe. Das Stück ,,Whistle While You Work'' ist eine jener Kompositionen, die Sie zwar nicht gleich in einen Schockzustand versetzen, Sie aber genügend beleben, um aufzustehen. Auch die Flötenkonzerte von Vivaldi und die Streichermusik von Telemann sind dabei recht hilfreich. Diese Stücke sind lebhaft und luftig und laden Sie auf eine frohe Weise dazu ein, den neuen Tag zu beginnen. Weiterhin zu empfehlen wäre der Prolog zu *Die Trapp-Familie* und ,,Morgenstimmung'' aus *Peer Gynt* von Grieg.

Tagesziele

Jeden Morgen sollten Sie Ihren Tag vorbereiten und im Geiste durchgehen. Vielleicht finden Sie zu größerer Konzentration und Effektivität, wenn Sie eine Liste mit fünf oder sechs Dingen aufstellen, die Sie erledigen wollen. Während Sie Ihren Tag planen, sollten Sie etwas Hintergrundmusik abspielen, die Ihren Geist klar macht und Sie auf Ihre gewünschten Ziele ausrichtet. Spielen Sie dabei Musik ab, die Ihnen hilft, alle Vorhaben, Treffen und Projekte als erfolgreich zu visualisieren und zwar in der besten Reihenfolge, die Sie für nützlich und möglich halten.

Hier sind einige musikalische Werke für die Tagesplanung am frühen Morgen:

Giuliani – Gitarrenkonzerte
Vivaldi – Konzerte für Flöte und Piccoloflöte
Bach, J. S. – Konzerte für Cembalo
Mozart – Konzert für Flöte, Harfe und Orchester
Corelli – Concerti Grossi
Whistle While You Work
Prolog aus Die Trapp-Familie (The Sound of Music)
When You Wish Upon a Star
You Light Up My Life
Oh, What a Beautiful Morning
Boccherini – Quintette für Gitarre

Pflegen Sie Morgenmusik, die fröhlich und durchsichtig und nicht schwer oder allzu stark orchestriert ist; vermeiden Sie Dissonanzen und schräge Harmonien. Wählen Sie Musik aus, die ebenso klar und eindeutig ist, wie Sie es den Tag über selbst sein wollen.

Mahlzeiten und gute Verdauung

In seinem sehr informativen Buch *The Doctor Prescribes Music* schreibt der Arzt Dr. Edward Podolsky über den Wert des Musikhörens beim Essen. Seiner Meinung nach unterstützt schöne Musik, die während des Essens abgespielt wird, die Verdauung, regt diese sogar an und macht sie effektiver. Er erwähnt eine faszinierende Entdeckung der Wissenschaft, daß nämlich der Hauptnerv des Mittelohrs in der Zungenmitte endet und mit dem Gehirn verbunden ist, so daß er gleichermaßen auf Geschmack und auf Geräusche reagiert. Wir haben es dabei also mit einer wissenschaftlichen Unterstützung der alten Weisheit zu tun, daß gutes Essen und gute Musik zusammengehören. Musik, die dem Ohr als angenehm erscheint, schärft die Geschmacksknospen, so daß beide eine gute Verdauung fördern. Es ist kein Zufall, daß in alten Kulturen Hofmusiker aufspielten, während der Adel zu Tisch saß. Selbst heute noch entspannt es uns, wenn in Restaurants schöne Musik, etwa Geigenklänge und Gitarren- oder Harfenstücke im Hintergrund ertönen und dafür sorgen, daß wir uns wohlfühlen und unsere Drüsen und Nerven angenehm und günstig beeinflussen.

Dr. Podolsky fährt fort, indem er auch die gegenteiligen Auswirkungen auf unseren Organismus erläutert:

Unangenehme Emotionen bewirken bestimmte Veränderungen, die uns quälen. Wenn der Magen aus dem Gleichgewicht gerät, schließt sich der Pförtner. Der Mageninhalt wird im Magen eingeschlossen, die Organe bleiben überflutet und es kommt zu einem Gefühl der Schwere, der Aufblähung sowie zur Übersäuerung. Wenn nun unangenehme Emotionen den Magen weiterhin belasten, wird alles noch schlimmer. Der Mensch wird gleichzeitig erregt und schläfrig, sein Geist arbeitet nicht mehr so effizient wie gewohnt, und eine Neigung zur Fahrigkeit und zum Tagträumen kommt auf. Seine emotionale Belastbarkeit wird beeinträchtigt, und er wird reizbar...

Die Musik ist die beste Medizin gegen Unwohlsein am Eßtisch. Solange Musik erschallt, werden auch Verdauungssäfte ausgeschieden, was wie eine Art Spülung wirkt. Dadurch wird die Nah-

rung richtig verdaut und gelangt durch den weit geöffneten Pförtner in den Dickdarm.

Als Tischmusik sollten Sie Bläser und Pauken vermeiden. Wählen
Sie eine Musik aus, die nicht allzu schwer oder laut ist; vermeiden
Sie auch starke musikalische Kontraste, da kontrapunktische Rhyth-
men den reibungslosen Verdauungsablauf beeinträchtigen können.
Wählen sie eine frohe Musik, die leicht und luftig ist (besonders
Flöte und Harfe), ohne jedoch allzu emotional oder intellektuell
zu sein. Tischmusik sollte eben möglichst schlicht sein.
Nun ein paar Vorschläge für eine eß- und verdauungsfreundliche
Musik:

Vivaldi — Konzerte für Flöte
    — Konzerte für Oboe
Händel — Konzert für Harfe
    — Sonaten für Flöte
Marcello — Sonaten für Blockflöte
Mendelssohn — Lieder ohne Worte
    — Streichquartette
Grieg — Letzter Frühling
    — Herzwunden
    — Konzert für Klavier und Orchester (zweiter Satz)
    — Aus Holbergs Zeit
Koto Flute
Van Eyck — Music for Recorder
Mozart — Konzert für Flöte, Harfe und Orchester C-Dur
Chopin — Konzert für Klavier und Orchester Nr. 1
Telemann — Tafelmusik

Schlaflosigkeit

Viele Menschen leiden unter Schlaflosigkeit. Man kann dagegen Sedativa oder Schlaftabletten nehmen, die oft die Sinne vernebeln, man kann statt dessen aber auch versuchen, auf kreative Weise einzuschlafen. Hören Sie ruhige, verträumte Musik vor dem Zubettgehen; vermeiden Sie Spätvorstellungen im Fernsehen, die entweder gewalttätig sind oder den Verstand allzu sehr anregen, und essen Sie auch nichts mehr unmittelbar vor dem Einschlafen.

Wenn Sie sich auf das Einschlafen vorbereiten, sollten Sie zuerst Gott danken und ihm mit freudigem Herzen Ihren Tag darbieten, während Sie ihn noch einmal im Geiste durchgehen. Überantworten Sie ihm alle Sorgen für die Nacht, damit er ihnen den benötigten Schlaf gewähre. Ergänzen Sie Ihre Vorbereitungen auch dadurch, daß Sie leise Werke aussuchen, möglichst Flöten-, Harfen- oder Streichermusik. Diese Klänge werden Sie mit ihren sanften Melodien umschmeicheln und Sie umhüllen, was Sie schnell in einen erfrischenden Schlaf sinken lassen wird. Spielen Sie nur ein Stück vor dem Einschlafen ab, und löschen Sie noch während des Hörens die Lichter. Achten Sie darauf, das Stück mit geringer Lautstärke zu spielen.

Im folgenden finden Sie eine Reihe von Werken, die Ihnen dabei helfen können, schnell einzuschlafen und zu einem tiefen Schlaf zu gelangen:

Roth — You Are the Ocean
Night Music
Schubert — Ave Maria (aus Ellens Gesänge Nr. 3)
Massenet — Meditation (aus Thais)
Brahms — Wiegenlied (aus Lieder op. 49, Nr. 4)
Schumann — Träumerei (aus Kinderszenen op. 15 Nr. 7)
Debussy — Prélude à l'après-midi d'un faun
        — Clair de lune (aus Suite Bergamasque Nr. 3)
Bach, J. S. — Air auf der G-Saite
Palestrina — Missa Papae Marcelli
Pachelbel — Kanon und Gigue in D

Vaughan Williams — Fantasie über ein Thema v. Thomas Tallis
Barber — Adagio für Streicher
Humperdinck — Abends, will ich schlafen gehen (aus Hänsel
    und Gretel)

Lassen Sie sich von diesen leisen, melodischen Stücken erfüllen; lassen Sie sich durch sie Friede, Ruhe und Gelöstheit in die Nacht oder den Tag Ihres Schlafs bringen.

5.
Musik für Heim und Familie

Die Musik berührt unser innerstes Wesen und bringt auf diese Weise neues Leben hervor, Leben, das unser ganzes Wesen erbaut und es jener Vollkommenheit entgegenträgt, in der die Erfüllung des menschlichen Lebens liegt.

Hazrat Inayat Khan

Kinder, besonders ganz junge, sind mit Erinnerungsfäden in diese Inkarnation eingetreten, die sie mit den Reichen des Lichts verbinden, die sie verlassen haben, um auf die Erde zu kommen. Mit sorgfältig ausgewählter, schöner Musik können Sie Ihrem Kind dabei helfen, in Frieden auf diese Welt zu kommen, ohne jähe Unterbrechungen. Und wenn Sie Ihren Kindern eine wärmere, liebevollere Umgebung bescheren, werden sie bewußter mit der Ewigen Gegenwart verbunden bleiben, die sie umgibt. Säuglinge reagieren recht empfindlich auf die Töne und Geräusche, die als erstes Zutritt zu ihrer Seele finden. Es ist klug, in der heutigen, streßerfüllten Welt so viele Schocks wie möglich zu vermeiden, und das gilt sowohl für Ihr eigenes Leben, als auch für das Ihrer Kinder. So wie die herzliche Stimme fürsorglicher Eltern oder Freunde sie ermutigt, so verleiht ihnen schöne Musik Hoffnung, Zuversicht, Vertrauen und Wohlbefinden. Durch Musik fühlen sie sich auf der Erde erst so richtig zuhause.

Es folgen jetzt einige Vorschläge für verschiedene Arten von Musik, die auch verschiedene Aspekte der Persönlichkeit Ihres Kindes ansprechen.

78

Ruhe im Heim

Jeder Mensch und jedes Heim müssen Zeiten großer Aktivität mit Perioden der Ruhe und Besinnung ausgleichen. Das hilft uns, in einer hektischen Welt zu Ausgeglichenheit und Regeneration zu finden. Wenn Sie merken, daß sich in Ihnen oder in Ihrem Heim Spannungen aufbauen, können Sie mit Hilfe der Musik zu neuem Frieden und Einklang gelangen. Fördern Sie die Stabilität und die Freude, indem Sie einige der folgenden Werke spielen:

Pachelbel — Kanon und Gigue in D
Grainger — Blithe Bells
    — Country Gardens
Grieg — Lyrische Stücke
Mozart — Konzert für Flöte, Harfe u. Orchester in C-Dur
Telemann — Flötenkonzerte
    — Konzerte für Violine
James Galway (Solist) — The Magic Flute
    — Annie's Song
Gluck — Reigen seliger Geister (aus Orpheus und Eurydike)
Debussy — Clair de lune (aus Suite Bergamasque Nr. 3)
Susann McDonald — Micellaneous Harp Music
Mendelssohn — Ein Sommernachtstraum
Chopin — Polonaisen
Tschaikowsky — Walzer aus Dornröschen, Schwanensee,
    Nußknacker Suite
Dvořák — Humoresken

Diese Stücke eignen sich besonders gut dazu, nach den Mühen des Tages im Kreis der Lieben wieder zur Ruhe zu finden. Sie erweisen sich auch als äußerst wertvoll bei der Behandlung von Streß, Kummer und überzogenen Emotionen.

Es ist von großem therapeutischen Nutzen und auf intime Weise wunderschön, wenn man seinen Kindern etwas vorsingt, vor allem vor dem Einschlafen. Dies ist eine Möglichkeit, ihnen durch die Musik zu sagen, wieviel sie einem bedeuten.

Konstruktive Aktivitäten

Es dürfte inzwischen wohl klar geworden sein, daß sich Musik in drei Kategorien einteilen läßt:

1. Musik, die einem hilft und Kraft verleiht.
2. Musik, die nicht viel für einen leistet („Strukturierter Lärm").
3. Musik, die dem Menschen schadet und ihn schwächt.

Wie kann man nun die verschiedenen Kategorien voneinander unterscheiden? Zunächst einmal können Sie Ihre Gefühle und Reaktionen auf ein Musikstück beobachten: Fühlen Sie sich stärker, glücklicher, friedvoller und im Einklang mit sich und dem Leben, mit anderen Menschen, mit Ihrem Beruf und mit Ihren eigenen Interessen, wenn Sie eine bestimmte Musik hören? Langweilt Sie die Musik nur? Führt sie dazu, daß Sie sich verspannt, nervös, unruhig, verärgert, zornerfüllt oder gar gewalttätig fühlen? Stellen Sie fest, wie Sie sich dabei fühlen.

Dr. John Diamond schreibt in seinem ausgezeichneten und nützlichen Buch *Der Körper lügt nicht* über seine Untersuchungen hinsichtlich der Musik, die für gewöhnlich von Kindern gehört wird und die von deren Eltern oft auch geduldet wird:

Die Veränderungen in der Wahrnehmung können sich bei Kindern in Form von Leistungsabfall in der Schule, Hyperaktivität und Ruhelosigkeit äußern; bei Erwachsenen in Form von verminderter Leistungsfähigkeit am Arbeitsplatz, zunehmenden Fehlleistungen, allgemeiner Unfähigkeit, verminderter Entscheidungsfähigkeit und einem quälenden Gefühl, daß alles einfach nicht so ist, wie es sein sollte; kurzum, es kommt zu einem Energieverlust aus nicht ersichtlichem Grund. Hunderte von Malen ist dies klinisch beobachtet worden. Ich selbst habe festgestellt, daß sich die schulischen Leistungen vieler Kinder beträchtlich bessern, wenn sie damit aufhören, mit Rock-Musik im Hintergrund zu lernen.

Der Rhythmus der Rockmusik beeinträchtigt erheblich den inneren Energiestrom, und er verzerrt die Sinnesorgane, die geistigen Fähigkeiten und die spirituelle Harmonie. Ich erinnere mich, wie ich einen Jungen unterwies, der sowohl zuhause als auch in der Schule schwere nervöse Störungen zeigte. Er reagierte sehr stark und positiv auf die beruhigenden Melodien von Dvořáks „Largo" (aus seiner *Symphonie Nr. 9*) und war dadurch in der Lage, seine Hausaufgaben wesentlich unbeschwerter und kreativer zu erledigen. Er sagte mir auch, daß dieses Stück ihn beruhige, während ein Trompetenkonzert von Haydn es ihm ermöglichte, „klarer zu denken". (Übrigens genoß dieser ehemalige Rockmusikfan Haydns Musik sehr.) Dieses Erlebnis bestätigte mir wieder einmal, daß gute Arbeit durch die Klänge schöner, harmonischer Musik gefördert wird.

Stimulation der Imagination. Viele große Werke der Musik sind auf äußerst plastische Weise dramatisch. Manchmal nennt man sie auch Programmusik, weil sie eine Geschichte erzählen, sie sozusagen mit Klängen malen. Eine solche Musik kann Ihnen und Ihrem Kind dabei helfen, die eigene Imagination, also die Phantasie zu entwickeln. Mit Ihrer Fähigkeit des bildlichen Vorstellungsvermögens können Sie durch diese Musik innere Bilder malen. Vielleicht stellen Sie dann fest, daß plötzlich Phantasien und Träume zum Leben erwachen und Ihnen somit ein Ventil für einen größeren schöpferischen Ausdruck bescheren. Solche Musik energetisiert und inspiriert Sie bei Ihrer Arbeit, in Beziehungen und in der Freizeit.

Die folgenden Stücke sind ein gutes Gegengewicht zu einem rein passiven Bewußtsein; besonders Kinder und Erwachsene, die dazu neigen, sich vom Fernsehen und anderen Maschinen versklaven und abhängig machen zu lassen, können davon profitieren. Viele dieser Werke wurden auch als Film- und Show-Musik eingesetzt, weil sie farbenfroh sind und die Vorstellungskraft anregen.

Lauschen Sie diesen Stücken mit geschlossenen Augen oder mit einem griffbereiten Notizblock, damit Sie Eindrücke und Bilder, die in Ihnen emporsteigen, notieren können.

Mozart — Konzert für Klavier und Orchester Nr. 21
Beethoven — Symphonie Nr. 6 (Pastorale)
Smetana — Mein Vaterland Nr. 1, Vysehrad
   — Die Moldau
Liszt — Ungarische Rhapsodien
Dvořák — Slawische Tänze

Hovhaness — And God Created Great Whales
Britten — Four Sea Interludes (aus Peter Grimes)
Delius — Florida Suite
Copland — Lincoln Portrait
   — Quiet City
   — Appalachian Spring
Bloch — Schelomo
Berlioz — Harold in Italien
Ravel — Daphnis et Chloe (Suite Nr. 2)
Ketelbey — Glocken über der Prärie
   — In einem Klostergarten
Haydn, J. — Die Schöpfung

Das Freisetzen der Energien des Kindes

Ihre Kinder haben es verdient, von schöner, melodischer Musik durchflutet zu werden — von der besten Musik, die Sie für sie finden können. Vor allem wenn sie noch sehr jung sind, sollten Sie anstrengende, dissonante Klänge vermeiden. Wenn sie dann älter geworden sind, werden Sie feststellen, daß Musik mit eindeutig definierten rhythmischen Strukturen dabei helfen kann, ihre Energien zu lenken und zu motivieren.

Bestimmte schöne und äußerst rhythmische Musik wie etwa die einer Symphonie von Haydn kann Ihren Kindern oft bei den Hausaufgaben helfen, während andere chaotische Klänge sie unkonzentriert werden lassen und sie unruhig und rastlos machen, selbst wenn sie keine Arbeit zu erledigen haben.

Es folgen nun einige Stücke, die Kinder ab drei Jahren stimulieren werden, ohne sie zu überwältigen oder ihnen das Gefühl der Zerrissenheit und der Verwirrung zu geben:

Villa-Lobos — Die kleine Eisenbahn von Caipira (aus Bachianas Brasileiras Nr. 2)
Anderson — Sleigh Ride

- The Typewriter
- Syncopated Clock

Délibes — Coppélia

Tschaikowsky — Nußknacker Suite

Saint Saens — Der Karneval der Tiere

Grainger — Lincolnshire Posy
- Country Gardens

Mendelssohn — Ein Sommernachtstraum

Ponchielli — Tanz der Stunden

Dukas — Der Zauberlehrling

Hovhaness — Sinbad the Sailor

Dohnanyi — Variationen

Poulenc — Die Geschichte von Babar, dem kleinen Elefanten

Neil Diamond — Jonathan Livingstone Seagull

Filmmusik: Die Trapp-Familie; Mary Poppins; Schneewittchen
und die sieben Zwerge; Fantasia; Puh der Bär; Dornröschen;
Aschenputtel

Mozart, L. — Cassatio ex G, 3, 4 und 7, Satz (Kindersinfonie)

Beethoven, Mozart — Deutsche Tänze

Prokofieff — Peter und der Wolf

Harsany — Story of the Little Tailor

Ravel — Ma Mère l'oye Suite
- L' Enfant et les Sortilèges

Rimsky-Korssakoff — Scheherazade

Tubby the Tuba

Hans Christian Andersen

Seeger — Songs for Children

For a Child's Heart

Offenbach — Gaité Parisienne

Winter — Common Ground

Collins — Whales and Nightingales

Joseph's Technicolor Dream Coat

Walton — For Children

Schostakowitsch — Polka (aus das goldene Zeitalter)

Hopkins — John and the Magic Music Man

Weitere Vorschläge im Anhang.

Andere Länder und die Vergangenheit

Trotz wachsendem Streß, trotz sich verschärfender Polaritäten und trotz aller Weltuntergangsapostel spüren immer mehr Menschen, daß uns ein neuer Bewußtseinsdurchbruch bevorsteht. Das ist das kommende „New Age" oder das Wassermannzeitalter, das – höheren Lehren zufolge – die Menschheit zu einer intensiveren Brüderlichkeit führen wird. Es wird auch zu einer größeren Unabhängigkeit bei der Interaktion zwischen Menschen kommen, zu einer gemeinsamen Anstrengung, zum Frieden zu gelangen und konstruktive Ziele zu erreichen: wissenschaftlichen Fortschritt, kreative künstlerische Synthese und größere internationale Harmonie und Kommunikation.

Vor allem aber zeigt uns unsere Zeit, wie wichtig und wertvoll jedes einzelne Leben ist, da jeder von uns auf seine Weise etwas zum Ganzen beiträgt. Indem wir zusammenarbeiten, gelangen wir auch zu einer größeren Ehrfurcht vor dem Leben, und wenn wir anderen helfen, öffnen wir dadurch neue Wege des Dienens, erkennen deutlicher unsere Stellung als Empfänger und Kanal in Gottes sich entfaltendem Universum.

Inmitten dieses sich erweiternden Bewußtseins und der globalen Kommunikation ist es wichtig, in Ihrem Kind eine wachsende Bewußtheit und Wertschätzung *aller* Kulturen und Völker zu erwecken, damit Ihr Kind (und Sie selbst!) andere Rassen, Kulturen und Traditionen erfahren kann, um so zu einer universelleren Perspektive zu gelangen. Die Musik kann Ihnen auf diesem Weg helfen. So wie verschiedene Medien die Zuschauer auf Reisen in vielerlei Länder führen, kann die Musik ihrerseits tiefe Empfindungen für die Vergangenheit, Gegenwart und Zukunft vieler Orte und Rassen auf diesem Planeten fördern und wecken.

So können Sie gleichzeitig Ihr eigenes nationales und kulturelles Erbe hochhalten, während Sie Ihrem Kind mit den folgenden musikalischen Werken dabei helfen, zu einem Weltbürger heranzuwachsen. Dabei können Sie Ihren Kindern gleichzeitig Bilder und Fotos von fremden Ländern und Völkern zeigen, vielleicht aus dem *National Geographic Magazine, aus Geo* oder aus anderen Reisemagazinen und Geschichtsbüchern. Solche Musik verlangt nämlich nach einer kleinen Einführung.

Spielen Sie diese Stücke nicht zu oft, sondern integrieren Sie sie geschickt in Ihre häusliche Musik-Umgebung, etwa zu bestimmten Festlichkeiten.

Keltische Länder: Stivell — Renaissance of the Celtic Harp
Mayas & Inkas: Harfenmusik der Anden
    Gesänge und Lieder von Yma Sumac
England und Irland: Musik von Vaughan Williams (besonders: Oxford Elegy und To a Lark Ascending)
    Danny Boy (gesungen von Robert White)
    Musik der Klanführer; Boys of the Lough
Schottland: Dudelsackmusik und Lieder von Calum Kennedy
Frankreich: Offenbach — Gaité Parisienne
    Zamfir — Flute of Pan
    Milhaud — Suite Provencale
Indien: Ragas von Ravi Shankar oder Ali Akhabar Khan
Rußland: Osipov Balalaika Orchester (russische Volksmusik)
    Rachmaninoff — Liturgie
Japan: Koto-Musik
    Kimio Eto plays the Koto
    Hovhaness — Fantasy on Japanese Woodprints
    Galway — Song of the Seashore
    Music for Zen Meditation
China: Yellow River Concerto
    Music for the Chinese Classical Orchestra
Deutschland: Wiener Walzer (Dirigent: Willi Boskovsky)
    Schumann — Symphonie Nr. 1 (Frühling)
Österreich: Johann Strauß — Walzer
Rumänien: Georges Enescu — Rumänische Rhapsodien
    Gypsy Melodies
Italien: Gioacchino Rossini — Ouvertüren
    Luciano Pavarotti — Arien und neapolitanische Gesänge
Spanien: Joaquin Rodrigo — Concierto de Aranjuez
Skandinavien: Musik von Edvard Grieg
    Jean Sibelius
    Christian Sinding
Hawaii: Lieder der Inseln, z.B. hawaiianisches Hochzeitslied
    Lieder von Alfred Alpaka

Israel: Kol Nidrei, hebräische Gebetslieder, Shalom, Gottesdienst
Ernest Bloch — Israel Symphony
Schelomo (Solomon)
Griechenland: Buzuki-Musik — Theodorakis (Le Chant du Monde)
Mexiko: Mariachi-Musik
Afrika: David Fanshaw — African Sanctus
Misa Luba
Südamerika: Misa Criolla
Los Calchakis
Vereinigte Staaten von Amerika: Indianer — Kaibah (Navaho Lieder),
Hopi Butterfly
Paul Robeson — Negro Spirituals
American Civil War — Songs of the North and South (Mormon
Tabernacle Choir)
Australien und Neuseeland: Lilburn — Symphonie Nr. 2, Aerotea
From New Zealand with Love
Maori Songs, St. Joseph Choir

Die Magie des Orchesters

Was könnte schöner sein als ein wunderbarer Augenblick in der Natur, eine tiefe Freundschaft oder die Klänge eines hundertköpfigen Orchesters! Eines der großartigsten Geschenke, das Sie Ihren Kindern machen können, besteht darin, sie mit den subtilen Nuancen, Tönen und Eigenarten, der verschiedenen Orchesterinstrumente vertraut zu machen. Nehmen Sie sich die Zeit, ihnen diese Musik zu bieten, sei es nun live oder durch Aufnahmen, und stellen Sie fest, welche Klänge, Rhythmen, Melodien und Harmonien sie am stärksten bewegen. Dadurch können Sie ihre Bedürfnisse klarer erkennen, indem Sie nämlich ihren musikalischen Geschmack feststellen.

Nun folgen einige Musikempfehlungen, mit deren Hilfe Sie Ihrem Kind das gesamte Orchesterspektrum vorführen können:

Britten — Orchesterführer für junge Leute
Saint-Saens — Der Karneval der Tiere
Prokofieff — Peter und der Wolf
Menuhin erklärt die Instrumente
Orff — Musica Poetica (Orff Schulwerk)
Wir entdecken Komponisten (erzählt von Will Quadflieg)

Blechinstrumente: Die Blechinstrumente regen den physischen Körper an. Sie sind sehr kräftig und wecken Gefühle der Erhabenheit, der Kraft und der Autorität, doch gelegentlich können sie dem Zuhörer auch Entsetzen einflößen. Ein Zuviel an Blasmusik kann beunruhigend wirken.

Trompeten: Bruckner — Symphonie Nr. 9
  Wagner — Ouvertüre zu Die Meistersinger
Hörner: Mozart — Hornkonzerte
  Britten — Serenade für Tenor, Horn und Streicher
Posaune: Walker — Trombone Concerto
  Mozart — Requiem (Tuba Mirum)
Tuba: Mussorgsky — Bydlo (Ox Wagon) (aus Bilder
    einer Ausstellung)
  Sibelius — Symphonie Nr. 2 (Finale)
Kornett: Debussy — La Mer
Saxhorn: Mahler — Symphonie Nr. 7 (Eröffnung)

Schlaginstrumente: Auch Schlaginstrumente stimulieren den physischen Körper. Sie verleihen der Orchestermusik Rhythmus, Farbe und Klangkraft. Wie die Blechinstrumente auch, müssen die Schlaginstrumente geschmackvoll und ausgewogen eingesetzt werden. (Vermeiden Sie ein „Überwürzen" mit Schlaginstrumenten!)

Kesselpauken: Oratorien von Händel und Kantaten von Bach
  Beethoven —·Symphonie Nr. 9
Wirbeltrommel: Schostakowitsch — Symphonie Nr. 5
Tamburin: Tschaikowsky — Arabischer Tanz (aus Nußknacker Suite)

Triangel: Respighi — Pini di Roma
Becken: Tschaikowsky — Symphonie Nr. 4 (Finale)
Gong: Respighi — Pini di Roma (Catacombs movement)
    Tschaikowsky — Symphonie Nr. 6 (Finale)
Kastagnetten: Debussy — Images pour orchestre Nr. 2 Iberia
Glockenspiel: Vaughan Williams — Symphony Nr. 8
Xylophon: Saint Saens — Danse Macabre
Vibraphon: Britten — Spring Symphony (Eröffnungspart)
Schellen: Tschaikowsky — Ouvertüre 1812
Celesta: Bartok — Musik für Saiteninstrumente, Schlagzeug
    und Celesta
Marimba: Creston — Concertino for Marimba and Orchestra
Windmaschine: Vaughan Williams — Symphony No. 7 (Antarctica)

Holzbläser: Die Holzblasinstrumente führen die Melodie und bringen die luftigeren, durchsichtigeren Qualitäten des Orchesterklangs zum Vorschein. Sie beeinflussen in erster Linie die Gefühle und das Gemüt und können bewirken, daß Sie sich nach dem Hören leichter und klarer fühlen.

Flöte: Bach — Suite für Orchester H-Moll
    Mozart — Konzert für Flöte, Harfe und Orchester C-Dur
Piccolo-Flöte: Vivaldi — Konzerte für Piccoloflöte
Oboe: Mozart — Konzert für Oboe und Orchester
    R. Thompson — Suite for Oboe, Clarinet and Viola
Englischhorn: Sibelius — Der Schwan von Tuonela
    (aus Lemminkainen Nr. 3)
    Copland — Quiet City
Klarinette: Rachmaninoff — Symphonie Nr. 2 (langsamer Satz)
Baßklarinette: Strawinsky — Petruschka
Fagott: Dukas — Der Zauberlehrling
Kontrafagott: Ravel — Konzert für Klavier und Orchester D-Dur
    (Eröffnung)
Saxophon: Glasunow — Konzert für Saxophon

Streicher: Die Streichinstrumente können Sie beruhigen und Ihnen ein Gefühl der Harmonie und des Friedens verleihen. Sie wirken stärker auf Ihren Verstand und Ihre Seele ein, da sie Sie an die Kontinuität und an die ewige Musik der Sphären erinnern.

Violine: Beethoven — Violinkonzerte
   Mendelssohn — Violinkonzerte
Cello: Dvořák — Konzert für Violoncello
   Villa-Lobos — Fantasia
Bratsche: Berlioz — Harold in Italien
   Walton — Konzert für Violine
Kontrabaß: Mahler — Symphonie Nr. 1 (Trauermarsch)
Harfe: Sibelius — The Bard
   Bruckner — Symphonie Nr. 8 (3. Satz)
   Hanson — Concerto for Organ, Strings and Harp
   Händel — Konzert Nr. 5 F-Dur für Harfe
Gitarre: Rodrigo — Concierto de Aranjuez
   — Fantasia para un gentilhombre
Mandoline: Mahler — Symphonie Nr. 7
Streichermusik insgesamt: Bach — Brandenburgische Konzerte

Orgel: Diese „Königin der Instrumente" führt große Kraft in die Musik ein und verbindet den Zuhörer mit der himmlischen Sphärenmusik. Manche Orgelstücke wirken sich besonders auf die Seele sehr erhebend aus.

Bach, J. S. — Komm, du süße Todesstunde
Franck — Prière; Choräle 1 - 3
Saint Saens — Symphonie Nr. 3 (Orgel)
Jongen — Symphonie Concertante avec orgue

Im Anhang finden sich weitere für Kinder geeignete Kompositionen.

Elektronische Musik:

Dexter — Golden Voyage I; III
Carlos — Switched on Bach

Naturgeräusche:
Songs of the Humpbackel Whale, Vols. I & II
Environments Recordings

Harmonisierende Melodien:

Schubert — Rosamunde: Zwischenaktmusik
Toning von Laurel Keys (siehe Bibliografie)

Hochzeiten

Hochzeiten sind sehr schöne, private Feste. Oft wohnen große Geist-
wesen und geistige Kräfte den Hochzeiten bei, und gute Freunde
verströmen ihre Liebe und alle guten Wünsche für eine harmonische
und schöpferische Ehe. Mit Beginn der Zeremonie baut sich auch
Kraft auf. Schöne Musik schwingt die Teilnehmer harmonisch ein
und verleiht der ganzen Feierlichkeit eine besondere Note.

Vielleicht möchte das Brautpaar während der Zeremonie ein
Lieblingsstück spiritueller Musik, sei sie nun gesungen oder instrumental, hören. Danach erfüllt die Schlußmusik alle Anwesenden mit
einem Gefühl der Abgeschlossenheit und der Verheißung zukünfti-
ger Einheit und Harmonie. Das Postludium wiederum „erdet" alle,
damit sie wieder in die Gegenwart zurückfinden und neue Freude
und Hingebung in ihre eigenen Beziehungen einbringen.

Oft spürt man die Kraft von Engelwesen, die das Paar während
des Jaworts aurisch miteinander verschmelzen lassen. Wenn man die
spirituelle Bedeutung der Ehe bedenkt, leuchtet es ein, daß man die
Hochzeitsmusik klug auswählen sollte. Alle harten und abgehackten

Klänge sollten vermieden werden. Angenehme, perlende Melodien, vor allem Orgelstücke, verleihen der Zeremonie Erhabenheit und Ehrfurcht. Harfenmusik erfüllt die Atmosphäre mit der erhebenden Durchsichtigkeit ihrer Klänge und öffnet so die Tore zu den anwesenden höheren Wesen. Streichmusik klärt die Gefühle und Gedanken der Teilnehmer.

Es folgen nun einige Vorschläge für Hochzeitsmusik:

Präludien:

Grieg — Morgenstimmung (aus Peer Gynt)
— Letzter Frühling (aus Elegische Melodien)
— Ich liebe dich (aus Lieder op. 5)
Rachmaninoff — Liebesthema (18. Variation — aus Rhapsodie)
Elgar — Nimrod (aus Enigma)
Mascagni — Intermezzo (aus Cavalleria Rusticana)
Allen — Celebration for Harp
Massenet — Meditation (aus Thais)
Schubert — Ave Maria (aus Ellens Gesänge Nr. 3)
Gounod — Ave Maria
Liszt — Liebesträume
Wagner — Vorspiel und Isoldes Liebestod (aus Tristan und Isolde)
Debussy — Clair de lune (aus Suite Bergamasque Nr. 3)
Bach, J. S. — O holder Tag, erwünschte Zeit
Herbert — Ah, Sweet Mystery of Life
Streisand — Evergreen

Prozessionsmusik:

Wagner — Treulich geführt (aus Lohengrin)
Rodgers und Hammerstein — Wedding Processional (aus Sound of Music- Die Trapp-Familie)
Schmidt — Zwischenspiel (aus Notre Dame)
Clarke — Suite D-Dur

Schlußmusik:

Mendelssohn — Hochzeitsmarsch (aus Ein Sommernachtstraum)
Rodgers und Hammerstein — Alleluia (aus Sound of Music — Die
    Trapp-Familie)
   — Climb Every Mountain (aus Sound of Music — Die Trapp-
    Familie)
Rheinberger — Konzerte für Orgel (E. Power Biggs)

Diverse Hochzeitsstücke:

D'Hardelot — Because
This Moment Divine
Bond — I Love You Truly
DeKoven — O Promise Me
A Wedding Prayer
Denver, Domingo — Perhaps Love
Cooke — Love Sends a Little Gift of Roses
Friml — L'Amour, Toujours L'Amour
Lehar — Dein ist mein ganzes Herz
Goss — Praise My Soul
Youmans—Heyman — Trough the Years
Parry — Bridal March
Haydn, J. — Divertimenti H 2 Nr. 46 B-Dur

Ein besonders schönes, spirituell orientiertes Hochzeitsstück ist das
zeitgenössische, sehr melodische *There Is Love* der Komponisten
Captain & Tennille.

Geburt

Wir kommen aus dem Licht und kehren ins Licht zurück. Die beiden großen Gegenkräfte des Lebens sind Geburt und Tod, und nicht Leben und Tod, wie so oft geglaubt wird.

So wie eine Mutter empfängt und damit beginnt, einen Fötus entstehen zu lassen, damit die durch sie zur Inkarnation bewegte Seele einen Körper erhalten kann, so ist es auch sehr wichtig, für dieses entstehende Leben eine schöne Atmosphäre zu erschaffen. Eine saubere, schöne heimische Umgebung mit hellen Farben und Gemälden ermöglicht es dem Licht, das ganze Heim zu durchfluten, sowohl durch die physischen Fenster als auch durch das Bewußtsein der Bewohner.

Schöne Musik kann dabei helfen, dem eintretenden Kind den Weg zu bahnen, und sie fördert und begünstigt auch eine schöne Atmosphäre im Heim. Die folgenden beruhigenden, willkommen heißenden Stücke werden dem Kind dabei helfen, begleitet von Freude und Wärme ins Dichtefeld der Erde einzutreten:

Van Eyck — Musik für Blockflöte
Saint Saens — Der Schwan (aus Der Karneval der Tiere)
Humperdinck — Abends, will ich schlafen gehen (aus Hänsel
    und Gretel)
Massenet — Meditation (aus Thais)
Wolf-Ferrari — Intermezzo (aus Susannes Geheimnis)
Fauré — Requiem
Brahms — Wiegenlied (aus Lieder op. 49 Nr. 4) D
Debussy — Clair de lune (aus Suite Bergamasque Nr. 3)
Bach, J. S. — Air auf der G-Saite
Händel — Largo (aus Xerxes)
Braga — Serenade
Diverse Harfenmusik (besonders mit Nicanor Zabaleta als Solist)
Mozart — Konzert für Klavier und Orchester Nr. 21 (2. Satz)
Wagner — Wie Todesahnung (aus Tannhäuser)
Gluck — Reigen seliger Geister (aus Orpheus und Eurydike)
Grieg — Aus Holbergs Zeit

Jean-Pierre Rampal (diverse Flötenmusik)
Dexter – Golden Voyage I, III
Koto Flute
Lullaby from the Womb, Dr. Hajime Murooka

Übergang

Wenn unsere Zeit gekommen ist, nehmen wir Abschied von unserem Körper, um in Gottes weitaus größeres Lichtgebäude zurückzukehren. Dabei bleiben wir als Individuum bestehen, nur unser Mantel, der physische Körper, bleibt zurück. Auch während des Übergangs brauchen wir eine musikalische Begleitung, die mit der Stille verschmilzt und uns den Weg ins himmlische Licht bahnt.

Während eines solchen Übergangs wie auch während einer Gedenkfeier ist es wichtig, Musik zu spielen, die Schwingungen freudigen Loslassens verbreitet und eine unbeschwerte Reise zur anderen Seite ermöglicht, wo die Engel, unsere lieben Verstorbenen und große Botschafter des Lichts unserer harren. Lassen Sie freudige Musik erklingen, die uns den schönen, grenzenlosen Horizonten des leuchtenden Reich Gottes entgegenführt, die für uns bereit sind.

Suchen Sie stets Melodien aus, die die Zuhörer inspirieren und die Atmosphäre leichter und heller machen. Wenn unsere Lieben von uns gehen, sollte dies eine Zeit großer Freude sein, da sie nun zu einer weitaus größeren, noch schöneren Dimension des Lebens befreit werden. Spielen Sie Musik, die den Übergang als echte Einweihung und als Sieg feiert. Vermeiden Sie um jeden Preis Musik, die trauervoll, schwermütig oder künstlich-sentimental ist: Der Schleier zwischen dieser Welt und der nächsten ist sehr dünn.

Bei jeder Übergangs- und Gedenkzeremonie sollten wir Musik spielen, die jene Gedanken mitträgt, die die spirituelle Lehrerin Reverend Flowe A. Newhouse in ihrem Buch *Speak The Word* folgendermaßen formuliert hat:

Das Leben ist endlos, unsterblich, unerschöpflich und ewig. Es wird um so sinnerfüllter, verfeinerter und majestätischer, je mehr

Stufen wir erklimmen und meistern. Schließlich hat die Erde uns nichts mehr zu lehren, so daß wir nicht mehr hierher zurückkehren müssen.

Dies erkennend, entlassen wir ...

nicht zum Tode, sondern in das herrliche Bewußtsein eines freieren, erfüllteren und glücklicheren Lebens. Unsere Gedanken und Gebete werden   folgen, wohin auch immer er/sie reisen mag, denn in Gott ist keine Trennung der Existenz, und wir verweilen nicht so sehr in anderen Welten als auf anderen Ebenen des Bewußtseins.

Nun einige Vorschläge für Musik, die das Dahinscheiden und auch die Gedenkfeiern begleiten kann:

Schubert — Ave Maria
Strauß, R. — Tod und Verklärung (letzter Teil)
Humperdinck — Abends, will ich schlafen gehen (aus Hänsel
    und Gretel)
Wagner — Geleiten wir im bergenden Schrein
    — Vorspiel und Karfreitagszauber (aus Parsifal)
Bohm, C. — Calm As the Night (Orgel)
Bach-Fox — Komm, du süße Todesstunde (Orgel)
Fauré — Requiem
Herbert — Ah, Sweet Mystery of Life
Elgar — Pomp and Circumstance
Schmidt — Intermezzo (aus Notre Dame)
Rodgers-Hammerstein — Climb|Every Mountain|(aus|Sound|of
    Music — Die Trapp-Familie)
Mendelssohn — Ausschnitte aus Elias
Brahms — Ein deutsches Requiem Nr. 6. Denn wir haben hier keine
    bleibende Statt
Grieg — Konzert für Klavier (2. Satz)

O du mein Gott, deine Gnade hat uns das Gebet als Verbindung, als gesegnete Verbindung mit dir beschert: als Segen, der uns mehr gibt als jede Erfüllung.

Arnold Schönberg

Humor in der Musik

Manchmal ist Musik auch einfach nur zum Lachen, indem sie uns nämlich eine glückliche, heitere Möglichkeit der Befreiung beschert. In seinem recht hilfreichen Buch *Der Arzt in uns selbst* weist Norman Cousins auf den therapeutischen Wert guten, echten Lachens hin, denn dies „entknotet" unsere Gefühle sowohl geistig wie körperlich, und es öffnet den ganzen Organismus für die einströmenden Energien des Universums. Humor ist ein wichtiges Ventil, und es gibt sehr viel gute Musik, die Ihnen dabei helfen kann, sich mit einem fröhlichen Lachen zu entspannen.

Es folgt eine kurze Liste musikalischer Stücke, die voller Humor und Fröhlichkeit sind:

Irische Jigs
Schottische Reels
Tschaikowsky — Tanz der Zuckerfee (aus der Nußknacker Suite)
Victor Borge — Comedy in Musik
Anna Russel — musikalische Parodien
Mozart, L. — Cassatio ex G, 3. 4. und 7. Satz (Kindersinfonie)
Mozart — Der heitere Mozart
Bach, J. S. — Suiten für Orchester
Strauß, R. — Till Eulenspiegel's lustige Streiche
Grainger — Handel in the Strand and Others
Gilbert and Sullivan
Hoffnung Concerts
I'm Gonna Wash That Man Right Out of My Hair (from S. Pacific)
Beauty and the Beast and Snow White and the Seven Dwarfs
Walt Disney-Aufnahmen für Kinder, besonders Bambi, Dumbo, Mary Poppins, Puh der Bär
When You Wish Upon a Star

Lernen Sie mehr zu lachen und in allen Situationen, Personen und Gelegenheiten auch die Komik zu erkennen.

6.
Die Musik der Natur

Ich lernte meine Lieder von der Musik vieler Vögel, von der Musik vieler Wasser.

Kalevala

Musik und Natur sind zwei hervorragende Pfade, die zu Gottes sich ausdehnendem Licht führen. Wenn Sie allem Leben mit größerer Ehrfurcht und Feinfühligkeit begegnen, werden Sie zu neuen Toren finden, durch die Sie noch tiefer in die Göttliche Gegenwart gelangen können. Wenn Sie Tieren, Bäumen und Ihrer natürlichen Umgebung größere Fürsorge und Freundlichkeit angedeihen lassen, werden Sie auch ein stärkeres Gespür dafür bekommen, wie sehr die zahlreichen höheren Wesen, die über Sie wachen, Sie schützen und nähren.

Erhöhen Sie Ihr Natur-Bewußtsein, indem Sie folgende Bereiche in sich verfeinern:

1. Empfinden Sie mehr Liebe und Wertschätzung für alle Lebewesen, die Sie umgeben.
2. Erweitern Sie Ihr Wissen um die Natur, werden Sie mit ihr vertrauter. Lesen Sie beispielsweise Artikel im *National Geographic Magazine* oder in *Geo*, die Werke von Edwin Way Teale, J. Muir, Thoreau, H. Beston, J. Krutch; die Gedichte von Frost und R. Jeffers. Machen Sie Spaziergänge in die Natur, lassen Sie sich im Wald nieder, um sich zu besinnen, und lesen Sie Literatur über die Wesenheiten, die in der Natur vorkommen — Bücher wie *The Journey Upward* von F. A. Newhouse und *The Kingdom of God* von Geoffrey Hodson. Studieren Sie die Gesetze der Natur, wie sie in *The Seven Mysteries of Life* von Guy Murchie und *The*

Beautiful Necessity von Claude Bragdon geschildert werden, sowie auch Werke über die Wirkungsweisen der Natur, etwa in *Der Findhorn-Garten, Das Tao der Physik* von F. Capra (über Naturwissenschaften) und *The Symphony of Life* von D. Andrews.

3. Lauschen Sie ständig auf die Musik der Natur.
4. Meditieren Sie auf schöpferische Weise über die Mysterien der Natur und auch über die Naturwesen.
5. Begeben Sie sich in die freie Natur und gebrauchen Sie alle Ihre Sinne und Ihre Wahrnehmung, um ihre Majestät zu erspüren.

Die Natur beschert uns so viele schlichte Freuden: den Duft von Kiefern, die Farben und Schattierungen von nebeneinanderblühenden Blumen, den Gesang und das Rufen der Vögel; die kühle, feuchte Lebenskraft der Erde, wenn wir sie zwischen unseren Fingern fühlen; die leisen Wellen eines Bachs oder Sees; die Ewigkeit, die im Gesang des Meeres mitschwingt. Achten Sie auf diese einfachen, schlichten Geschenke Gottes und lernen Sie sie jeden Tag Ihres Lebens aufs neue schätzen. Nehmen Sie die Vorteile dieser Freuden und Gaben der Natur voll wahr, denn sie werden Ihnen dabei helfen, auf allen Ebenen Ihres Bewußtseins zu Ausgeglichenheit und innerer Harmonie zu finden.

Manche Komponisten reagieren ganz besonders empfindsam auf die Harmonien und Klänge der Natur. Oft haben diese Klangmaler den Ruf eines Bergs, eines Meeres und der Waldgeister vernommen und waren fähig, sich mit ihnen zu vereinen, um diese Rufe schließlich in Noten und Melodien auszudrücken.

Es ist interessant, wie manche Komponisten versucht haben, die Klänge und die Melodien der Natur einzufangen bzw. nachzuahmen: Beispiele dafür sind Beethovens *Symphonie Nr. 6 Pastorale* oder Respighis *Pini di Roma* während Scriabin und Hovhaness versuchen, aktive Deva-(Natur-Engel)-Musik und den Einklang mit den Tönen der Natur zu vermitteln. Manchmal wird sich ein großes Werk Natur-Musik für unsere Ohren elfenhafter oder vermenschlichter anhören (z.B. Griegs *Notturno* oder Vivaldis *Vier Jahreszeiten*), während wiederum andere Natur-Musik ehrfurchtgebietend und ungezähmt klingt wie die Kräfte eines Urwalds oder das wild schäumende Meer, etwa Sibelius' *Tapiola — Der Sturm* oder die *Symphonie Nr. 4*. Die Musik der Natur mit all ihrer Vielseitigkeit und ihren Kontrasten ist schier endlos:

Als nächstes soll eine Liste mit Natur-Musik folgen, zusammen mit einigen Kommentaren, mit deren Hilfe Ihnen vielleicht klar wird, worauf Sie beim Hören achten sollten. Jeder Teil der Welt hat seine eigenen, unverwechselbaren musikalischen Eigenarten, ganz wie die Natur selbst, die auch überall anders ist.

Nordamerika

Die größte amerikanische Musik ist frisch und lebhaft; sie ist von einer Vitalität und Lebensfreude geprägt wie keine andere. Beethoven sagte einmal: „Man muß erst nach Nordamerika gehen, um seinen Ideen freien Lauf gewähren zu können." Dieser Geist der Freiheit und diese Vision von einer neuen Grenze — sowohl in der Natur wie im Bereich des Bewußtseins — verleihen einem großen Teil der amerikanischen Musik ihre ganz besondere Note. Die folgenden Komponisten und Stücke beschreiben die Natur auf musikalische Weise.

Edward MacDowell — Woodland Sketches, Sea Pieces, Fireside Tales, New England Idylls
— Suite No. 1, Suite No. 2 (Indian)
— To a Wild Rose
— Two piano concertos
MacDowells Kompositionen sind eine verfeinerte Natur-Musik, die vor meinem inneren Auge verschiedene Szenerien und Bewegungen der Natur und der vier Elemente aufsteigen lassen — es sind wunderschöne Melodien, die stellenweise sehr impressionistisch wirken.

Frederick Delius — Florida Suite
— Appalachia
Delius hat fünf Haupteinflüsse miteinander zu verschmelzen gewußt: deutsche, skandinavische, französische, englische und amerikanische. Wenn ich die *Florida Suite* höre, sehe ich frühe amerikanische Szenerien im nächtlichen Florida, inmitten von Orangenhainen, vor mir; tatsächlich hat Delius dort auch eine Zeit verbracht und das Gut

seines Vaters verwaltet. Mir persönlich gefällt die atmosphärische Kombination von nächtlichen Naturgeräuschen und den Klängen alter Neger-Spirituals, die über das Wasser gleiten.

Appalachia, das demselben Ort entsprang, suggeriert ebenfalls Bewegungen der Natur und verbindet sich mit den Sehnsüchten und Gefühlen eines schmerzlichen, beschwerlichen Trecks — einer Reise voller Freude und Entbehrungen.

Roy Harris — Symphony No. 3
 — Symphony No. 5
 — Symphony No. 1, 7

Mir persönlich suggeriert die Musik von Roy Harris die wunderbare, unbarmherzige Schönheit der Plains des Mittleren Westens. Sehr oft verspüre ich in dieser Musik den ur-amerikanischen Freiheitsgeist, den Adel der Arbeit, die sehnige, muskulöse Qualität der Menschen, die durch das Ernten der Maisstauden und der „amberfarbenen Getreidegarben" erschallt.

Harris setzt auf äußerst vorteilhafte Weise die Blasinstrumente ein, was mir das Brennen der auf den Boden herabscheinenden Sonne eingibt, während die Klänge der Hörner nach neuen Horizonten streben. Harris' Musik ist für mich vor allem wegen ihres Esprit, ihrer belebenden Rhythmen und ihrer kräftigen Bewegungsführung so einzigartig. Sie ist von großer Kraft, wirkt aber nicht immer heilsam.

Howard Hanson — Symphony No. 1 (Nordic), No. 3
 — Symphony No. 2 (Romantic)

Auf mich wirkt Hansons Musik melodisch und mächtig; sie beschwört sowohl die alten Barden und Wälder Skandinaviens als auch die nördlichen Waldgebiete Amerikas herauf. Beachten Sie den wunderschönen langsamen Satz der 2. Symphonie, der uns tief in die Wälder hineinführt, um dann schließlich zu einem gewaltigen Panoramablick über den Ozean und die Bergzüge zu gelangen.

Charles Ives — The Pond
 — Symphony No. 3
 — Symphony No. 4
 — Three Places in New England

Für mich stellt Ives' Musik eine faszinierende Verbindung aus derbem Humor, einander kreuzender Töne, komplizierter Rhythmen und einem Yankee-Temperament dar, das vom Aufdringlich-Lebhaften über das Spröde bis zum Warmherzigen und Romantischen reicht. Die oben vorgeschlagenen Stücke spiegeln Ives' Empfindlichkeit gegenüber der Natur, die der Komponist während seiner langen Jahre in New England zu würdigen gelernt hat. Seine Musik ist reich facettiert und nicht immer angenehm, doch stets fesselnd. Sie beschwört das Ambiente natürlicher Szenerien aus New England — die Sonne, wolkenverhangene Regentage, das Gold und das Grau des Lebens mit all seinen sich wandelnden Launen und Stimmungen.

Ives' Genie, wie es sich in seinen Werken äußert, besteht meiner Meinung nach in seiner Fähigkeit, die großen Polaritäten des Lebens und des Menschen musikalisch nachzuzeichnen — das Kalte und das Heiße, die Hitze und den Schnee —, und zwar vermengt mit allerlei Szenen wie dörfliche Feste und alte Musikkapellen; Szenen, die vorbeitreiben und in vergessenen Friedhöfen Grabsteine hinterlassen; aber auch die wachsamen Augen der Teiche gehören dazu, die das Echo der Nacht wiedergeben. Gehen Sie an Ives' Musik mit Offenheit heran, mit Vorstellungskraft und mit der Fähigkeit, über alles zu lachen, sogar über sich selbst. Allerdings hat seine Musik nur selten heilenden Charakter.

Samuel Barber — Music for a Scene from Shelly; Essay No. 2 for Orchestra; Serenade for String Orchestra
— Adagio für Streicher
— Konzert für Violine und Orchester
Mir erscheint Barbers Musik als sehr frisch und lyrisch. Oft suggeriert sie wilde, schöne Landschaften, und viele seiner Kompositionen wurden durch Lyrik, Natur-Prosa und die *condition humaine* inspiriert.

Alan Hovhaness — Mysterious Mountain
— Montains and Rivers without End
— Talin
Hovhaness' Musik stellt eine einmalige Synthese aus Ost und West dar. Ein großer Teil seiner Arbeit besitzt eine starke orientalische Komponente und weist auch starke Einflüsse armenischer Kirchenmusik und amerikanischen Lyrizismus auf. Seine besten Werke offenbaren ganze Privatwelten des spirituellen Mystizismus, erfüllt von kristallenen Grotten, mondbeschienenen Gärten und gewaltigen

Höhen. Die Vision von einer universalen Verbrüderung durchzieht einen großen Teil seiner Werke, vor allem aber seine *Symphony No. 10 (All Men Are Brothers).*

Rodgers and Hammerstein — The Sound of Music (Die Trapp-Familie)

Der Prolog, „Climb Every Mountain" und „Edelweiss" dieses Soundtracks bieten wunderschöne und sehr kraftvolle Natur-Musik. In diesen erhebenden Melodien hat der Komponist die Klänge der Berg-Devas und -Wesenheiten eingefangen, wie diese einander rufen. Jeder Gipfel hallt von seinen eigenen, einzigartigen „Tönen" wider, während die Berge vor Freude singen und kräftige Strahlen des Lichts und der Heilungsenergien verströmen, die den Zuhörer durchfluten.

Weitere Natur-Musik:

Ferde Grofé — Gran Canyon Suite

Charles T. Griffes — Poem for Flute and Orchestra
— White Peacock; Clouds

Virgil Thomson — The River; Plow that Broke the Plains
— Sea Piece with Birds

Thomas Canning — Fantasy on a Hymn of Justin Morgan

England, Schottland, Wales

Es gibt wohl kaum etwas so Bezauberndes wie eine englische Landschaft, deren Ruhe und Klarheit uns die in ihr wohnenden Wesenheiten und Schutzgeister offenbart. Viele englische Komponisten haben ein ganz besonders intensives Verhältnis zur Natur und können das Flüstern der Waldwesen und die kraftvolle, über Felder,

Bäume, Berge und Meer strömende Energie gelungen in Musik umsetzen. Hier können nur ein paar stellvertretende Beispiele für solche
Tonsetzer gegeben werden:

Ralph Vaughan Williams – The Lark Ascending
   – In the Fen Country
   – Symphony No. 3
   – Symphony No. 5
   – Symphony No. 7

Für mich haben die Werke von Vaughan Williams immer etwas stark
Emotional-Spirituelles an sich – verarbeitet und „poliert" durch
den Verstand, bis daraus eine äußerst feinsinnige und in sich abge-
schlossene Kunstform wurde. Diese Musik hat außerdem auch etwas
Rustikales und Mystisches, das von einem weisen, städtisch gepräg-
ten Bewußtsein synthetisiert wurde, um zu einem innerlich leuchtenden, nur scheinbar mühelos komponierten Kunstwerk zu werden.
Williams' größte Natur-Stücke sind für mich stets eine Quelle der
Erbauung gewesen. Es eignet ihnen ein Weitblick und eine Pracht,
die den Zuhörer mitreißt und von einem Seelenadel und Glauben
zeugt, der das Herz ergreift.

Georg Butterworth – Two English Idylls, The Banks of Green
   Willow, A Shropshire Lad

Butterworth ist ein musikalischer Naturdichter ersten Ranges. In
einem tragisch jungen Alter kam er im Ersten Weltkrieg ums Leben.
Seine musikalischen Naturszenen sind nicht nur wunderschön und
klar, sie künden auch von einer Sehnsucht nach Unsterblichkeit inmitten der Bäume, Bäche und Felder. Der Zuhörer befindet sich
zwar allein in der Natur, doch wird er stets von unsichtbaren Wesenheiten begleitet, die alles um ihn herum mit ihrem Odem beleben.
Eine idyllische, von Feen erfüllte Atmosphäre durchdringt seine
ganze Musik.

Gerald Finzi – A Severn Rhapsody, Nocturne, The Fall of the
   Leaf
   – Earth and Air and Rain

Finzis Musik wirkt etwas einsam und distanziert, bietet dafür aber
auch sehr schöne musikalische Naturmalerei. Seine Klänge suggerieren die Freude an der Unsterblichkeit und die Leiden der irdischen
Vergänglichkeit.

Frederick Delius − Summer Evening
− Over the Hills and Far Away
− In a Summer Garden
− Summer Night on the River
− Song of the High Hills
− On Hearing the First Cuckoo in Spring
− A Song of Summer
− Song Before Sunrise

Delius' Natur-Musik wirkt eher unterschwellig als unmittelbar bildlich. Es scheint fast so, als würde uns Delius lieber ins Innere der
Natur hineinführen, um ihre Atmosphäre zu durchdringen, anstatt
sie detailliert zu beschreiben. Aus diesem Grund verlangen seine
Kompositionen vom Zuhörer auch, daß er sie öfter spielt und sich
ihren Harmonien innerlich hingibt, um ihre Tonqualität seelisch zu
erfahren. Gehen Sie mit Ihrem Gehör, Ihrem Verstand und Ihrem
Herzen an Delius' Musik heran, dann werden Sie Welten und Atmosphären erfahren, die voller Naturwesen sind.

Sir Arnold Bax − The Garden of Fand, Tintagel
− The seven Symphonies

Die Musik des Komponisten Sir Arnold Bax entführt Sie in die un-
gezähmte Natur selbst. Vor Ihrem geistigen Auge werden sich beim
Zuhören Szenerien voller zerklüfteter Küsten, Waldstürme und Naturwesen entfalten. Wenn Sie die Stücke nachts hören, werden Sie
dabei wahrscheinlich lieber Gesellschaft haben wollen, denn seine
Klanggedichte sind oft sehr gewaltig, ja überwältigend. Allerdings
wirken sie nur selten heilsam.

Ernest Moeran − Symphony; Lonely Waters

Benjamin Britten − Four Sea Interludes (aus Peter Grimes)

John Ireland − Concertino Pastorale −A Downland Suite

Sir Edward Elgar −Sea Pictures

Percy Grainger − Music of Grainger

Sir Arthur Bliss −Miracle in the Gorbals

Hadley − The Hills

Frankreich

Die französische Musik hat zwei Grundeigenarten: lichte, durchsichtige Struktur und Dramatik. In der Regel ist sie nicht so schwerblütig wie die englische, und manchmal eignen ihr würzige, humorvolle Klänge.

Es folgt nun eine Auswahl der besten französischen Natur-Musik:

Achille Claude Debussy – La Mer
– Nocturnes
– Prélude à l'aprés-midi d'un faune
– Danses für Harfe und Streicher
– La Cathèdrale engloutie (aus Préludes)
– Images
– Diverse Stücke für Klavier

Debussys Musik wirkt sehr geheimnisvoll und spiegelt eine andere Welt wider – eine Welt der Nymphen und Najaden, der Wasser-Devas und der Sirenen. Eine Atmosphäre von Unterwasserwelten, wie etwa jene des versunkenen Reichs Atlantis, verbreitet besonders „La Cathèdrale engloutie", die aus der Tiefe emporsteigt, um schließlich wieder gänzlich zu versinken.

César Franck – Quintett für Klavier

Francks Musik hat für mich eine engelhafte, himmlische Qualität. Cyril Scott schreibt in seinem Buch *Music: Its Secret Influence Through the Ages,* daß Franck mit seiner Musik einen Brückenschlag zwischen Menschen und Devas herstellt.

Vincent D'Indy – Les Poèmes des Montagnes
– The Enchanted Forest; Summer Day

Joseph Canteloube – Chants d' Auvergne

Hector Berlioz – Symphonie fantastique, 3. Satz: Szenen auf dem Land

Francis Poulenc — Concert champêtre, besonders der langsame Satz

Maurice Ravel — Daphnis et Chloë
— Une Barque sur L'Océan (aus Miroirs)
— Verschiedene Klavierstücke

Darius Milhaud — Suite francaise

Ernest Chausson — Poèmes de l'amour et de la mer
— Symphony in B-Flat

Südamerika und Spanien

Obwohl es eine ganze Reihe südamerikanischer Komponisten gibt, die beachtenswerte Werke hervorgebracht haben, kenne ich nur wenige, die den Zuhörer ins Reich der Natur entführen. Zu diesen gehören:

Heitor Villa-Lobos (Brasilien) — Forest of the Amazon
— Bachianas Brasileiras, Nos. 2, 5, 6, 9
— Mystic Sextett
— Origin of the Amazon River
Es ist schade, daß die kraftvolle, exotische und betörende Musik dieses ruhelosen Genies bisher viel zu sehr vernachlässigt worden ist. Villa-Lobos' Musik gleicht keiner anderen — oft steht sie der Volksmusik nahe, ist aber dennoch ernst, manchmal von gewaltiger dramatischer Intensität und immer melodisch und betörend. Seine Natur-Szenerien erinnern an vergessene Wasserfälle in den wilden, exotischen Urwäldern Südamerikas; geradezu gespenstische Melodien der Liebe und des Kampfes; stets aufregend, manchmal auch von großer Tiefe.

Manuel deFalla (Spanien) — Nächte in spanischen Gärten

Alberto Ginastera (**Argentinien**) – Symphony No. 3 (Pampeana)

Joaquin Rodrigo (**Spanien**) – Concierto de Aranjuez (Adagio)

E. Salvador Bacarisse (**Spanien**) – Concertino für Gitarre (Adagio)

Deutschland und Österreich

Viele Komponisten haben uns schöne Stücke hinterlassen, die an die
romantische Rheinlandschaft erinnern. Die deutsch-österreichische
Musiktradition bietet in der Regel stark orchestrierte Kompositionen mit oft sehr eindringlichen, beachtenswerten Melodien. Jeder
der nun folgenden Komponisten hat Werke hervorgebracht, die
deutlich an die Harmonien der Natur erinnern.

Ludwig van Beethoven – Symphonie Nr. 6 (Pastorale)

Felix Mendelssohn – Ein Sommernachtstraum
– Symphonie Nr. 4 (Italienische)

Robert Schumann – Symphonie Nr. 1 (Frühlingssymphonie)

Johannes Brahms – Symphonie Nr. 2

Gustav Mahler – Symphonien Nr. 3, 4, 6, 7
Anton Bruckner – Symphonie Nr. 4 (Romantische)

Richard Strauß – Eine Alpensinfonie
– Aus Italien

Richard Wagner – Der Tannenbaum steht schweigend
– Morgendämmerung und Siegfrieds Rheinfahrt
– Walkürenritt

Skandinavien

Auch die Musik skandinavischer Künstler ist auf ihre Weise bezaubernd. Vieles daran erinnert an die alten Barden und Mythen. Sie führt uns zurück in die Urwälder, wo wir das Gebrüll des Pan und seiner Gefährten hören; die Melodien perlen von den Berggipfeln hinab und hallen von den eisigen Bächen und Flüssen wider.

Zu den herausragendsten Werken skandinavischer Natur-Musik gehören folgende Kompositionen:

Jan Sibelius (Finnland) —The Bard
- En Saga
- Der Schwan von Tuonela
- Karelia Ouvertüre
- Tapiola
- Die sieben Symphonien
- Deva-Musik von großer Kraft.

Sibelius' Musik beschwört ehrfurchtgebietende Naturgewalten herauf.

Edvard Grieg (Norwegen) — Lyrische Stücke
- Konzert für Klavier
- Peer Gynt
- Musik für Streicher
- Verschiedene Lieder und Klavierstücke

Grieg bietet uns die Musik der „kleinen Wichte" Norwegens, zu denen beispielsweise auch die Feen und Naturgeister gehören.

Carl Nielsen (Dänemark) — The Dream of Gunnar; Pan and Syrinx;
- Rhapsodie Overture
- Die sechs Sinfonien

Franz Berwald (Schweden) — Symphonien
- Memoirs of Norwegian Alps, and others

Rued Langgaard (Dänemark) — Symphony No. 4 (Defoliage)

Lars-Erik Larsson (Schweden) — Suite pastorale

Christian Sinding (Norwegen) — Konzert für Klavier

Rußland und Slavische Länder

Auch diese Musik vertont zu einem großen Teil Legenden und Märchen. Manches ist farbenfroh und bezaubernd (Tschaikowsky und Rimsky-Korssakoff), während andere Stücke eine devische Qualität aufweisen und äußerst hübsch, aber gleichzeitig unirdisch und fern wirken (Scriabin und, in geringerem Ausmaß, Liadow).

Antonin Dvořák (Tscheche) — In der Natur
— Waldesruhe
— Symphonie Nr. 8
— Symphonie Nr. 9 (aus der Neuen Welt)
— Konzert für Violoncello

Dvořáks Musik ist erfüllt von der Schönheit der Natur. Dieser Komponist war im Grunde seines Herzens ein Lyriker, der slawische Melodien — oft auf brahmssche Weise — mit den Gesängen der Indianer und mit Neger-Spirituals verband, vor allem in seinem Spätwerk.

Peter Tschaikowsky (Russe) — Der Schwanensee und Dornröschen
— Symphonie Nr. 1 (Winterträume)

Alexander Scriabin (Russe) — Poème satanique
— Poeme tragique
— Späte Klaviersonaten (Musik der Natur-Devas)

Anatolè Liadow (Russe) — The Enchanted Lake, Baba-Yaga

Friedrich Smetana (Tscheche) — Die Moldau und Mein Vaterland

Rimsky-Korssakoff (Russe) — Sadko
— Der goldene Hahn

7.
Engelsmusik

... der unsichtbare Chor, dessen Musik die Freude der Welt ist.
F. Delius

Spirituelle Lehren raten uns: „Suche zuerst Gott auf und dann, nach Gottes Weisung, die anderen". Wir werden von Wesen begleitet, die höher entwickelt sind, als wir es im gegenwärtigen Stadium sein können. Zu diesen Helfern gehören auch die Engel. Diese strahlenden Heerscharen Gottes werden in der Bibel an die dreihundert Mal erwähnt, und auch in anderen Weltreligionen werden sie verherrlicht, wie auch in der zeitgenössischen spirituellen Literatur, etwa in Geoffrey Hodsons Buch *The Brotherhood of Angels and Men.* Flower A. Newhouse, eine spirituelle Lehrerin und clairvoyante christliche Mystikerin hat mit viel Einsicht und Feingefühl über das Reich der Engel geschrieben: Ihre Werke *Rediscovering the Angels* und *The Kingdom of the Shining Ones* sind zu Klassikern auf ihrem Gebiet geworden und bieten uns sehr viel Informationen über Wesen und Wirken der Engel. Reverend Newhouse schreibt in *Kingdom of the Shining Ones:*

> Im Leben der Engel gibt es vier große Wellen, die an die physische Existenz angepaßt sind und dem Leben auf diesem Planeten dienen sollen. Zwar gibt es noch zahlreiche andere Engelspfade, die alle ihren eigenen Zweck haben und von großer Pracht sind, doch berühren diese uns nicht weiter. Einer dieser vier Pfade ist die sogenannte „Natur-Welle". Der zweite heißt „Lebensmotivationswelle". Der dritte hat mit der Verkündigung Göttlicher Weisheit zu tun, und der vierte ist unter der Bezeichnung „Welle der Liebe"bekannt.

110

Sie erklärt auch, wie diese großen Lichtwesen die Menschheit durch vielerlei kraftspendende Taten segnen. Zu den Engelswellen gehören auch die Heerscharen Gottes, die die Natur und die Elemente segnen und ihre Schönheit, ihre anmutigen Formen und ihre Farben noch schöner machen.

Andere Engel wiederum helfen dabei, Gottes heilendes Licht zu lenken. Diese großen Wesenheiten konzentrieren Energien der Erneuerung und Genesung in Krankenhäuser, Heime, Arbeitsplätze, Kirchen, Schulen und alles, was bedürftig und empfänglich ist. Andere Boten Gottes inspirieren die Menschheit durch die Schönheit und Freude der Künste.

Es gibt freudige Harmonien und melodische Klänge, die die Engel in unserer Atmosphäre konzentrieren helfen, und wenn wir uns auf das Licht einstimmen und zu unserer Mitte finden, können wir diese Sphärenmusik wahrnehmen. Wach- und Schutzengel halten sich in unserer Nähe auf, ermutigen uns dazu, ein besseres Leben zu führen, das stärker der Wahrheit und dem liebevollen, selbstlosen Dienst am Nächsten verschrieben ist. Schließlich gibt es auch große Kriegsengel, die mit Macht gegen das Böse ankämpfen.

Unser Bewußtsein ist nicht auf die Zeit beschränkt. Durch „Inspiration oder Verzweiflung" können wir jederzeit zum Einklang mit dem Licht finden, das es uns ermöglicht, vielerlei höhere Quellen in uns hineinströmen zu lassen. Ähnlich verhält es sich mit vielen großen Komponisten. Inmitten all ihrer großartigen Werke haben sie gelegentlich Augenblicke, in denen sie ganz besonders inspiriert sind. In diesen Zeiten durchflutet sie das Licht, und Engels-Harmonien erfüllen ihr ganzes Wesen und die sie umgebende Atmosphäre. Manche Komponisten haben die Himmlischen Heerscharen sogar gesehen, etwa Händel, als er den *Messias* schrieb, und haben ihnen all das zugeschrieben, was sie in Noten und Melodien umsetzen durften.

Heutzutage stehen uns einige Kompositionen zur Verfügung, die von Engeln inspiriert zu sein scheinen. Diese besonderen Werke scheinen ihre Zuhörer geradezu zu segnen, und sie verleihen jeder Atmosphäre eine engelhafte Qualität. Die Engelsmusik bringt uns Licht. Meistens ist sie von Freude erfüllt und auf durchdringende Weise klar und hell. Oft spiegelt eine solche Musik den Gesang himmlischer Chöre wider — mit all seinen glocken- und harfengleichen Klängen. Einigen dieser Stücke eignet außerdem eine starke Heilqualität, so daß sie besonders segensreich wirken können, wenn man sie in Krankenhäusern, in Pflegeheimen oder in Gegenwart geistig erkrankter Menschen abspielt. Andere Engelsmusik, etwa Wagners „*Walkürenritt*", verleiht uns Kraft, während Musik wie Glucks „*Reigen seliger Geister*" Freude mit einbringt.

In allen unten aufgeführten musikalischen Werken kann man Engelswesen spüren, sofern man nur sensitiv genug dafür ist. Diese Musik öffnet uns die Tore zu der Engelsatmosphäre des Lichts. Lauschen Sie diesen Stücken öfter, denn sie sind mit himmlischen Echos erfüllt, die Ihr Leben reinigen und erhaben machen können.

Grieg — Notturno (aus Lyrische Stücke)
Diese Musik bringt einen Engel der Nacht in die Atmosphäre ein, der die Natur und ihre Lebewesen segnet.

Gluck — Reigen seliger Geister (aus Orpheus und Eurydike)
Musik, die Energien der Freude und der Erneuerung ausstrahlt.

Beethoven — Konzert für Klavier Nr. 5, 2. Satz
Die leise Transparenz dieser Musik zählt zu Beethovens schönsten und betörendsten Leistungen.

Mozart — Laudate Dominum, Psalm 116 (aus Vesperae Solennes de Confessore)
— Konzert für Klavier Nr. 21 (Adagio)
Beide Stücke heben die Zuhörer in himmlische Gefilde empor.

Brahms — Konzert für Klavier Nr. 2, 3. Satz
Die Melodien des Cello und des Klaviers erschließen uns das Reich der Engel.

Berlioz — Hosanna (aus L'Enfance du Christ)
— Sanctus (aus Requiem)
Der Chorgesang in diesem Stück ist hell und durchsichtig und trägt den Zuhörer zu höheren Bewußtseinssphären, den Engels-Äthern entgegen.

Humperdinck — Abends, will ich schlafen gehn (aus Hänsel und Gretel)

Dieses schöne Werk, das in hohe Streichmusik überleitet, erfüllt die Atmosphäre bei jedem Hörer aufs neue mit Engelswesen.

Vaughan Williams — Fantasie über ein Thema von Thomas Tallis
Die emporschwebenden Streicherklänge bieten uns einen Widerhall von Engels-Harmonien.
— Shepherds of the Delectable Mountains (from Pilgrim's Progress)
Der Engelschor heißt den Pilger nach seinem Übergang vom irdischen Leben in den himmlischen Gefilden willkommen.

Franck — Panis Angelicus (Pavarotti)
Franck selbst, so heißt es, entstammt dem Reich der Engel, und ein großer Teil seiner Musik spiegelt dies wider.

Mahler — Symphonie Nr. 2 (Auferstehung)
Das aufsteigende Finale führt hinauf in die himmlischen Gefilde — Chor und Orchester werden ins Reich der Engel emporgehoben.
— Symphonie Nr. 8
Dieses gewaltige Werk, zu dessen Aufführung 1000 Musiker notwendig sind, ist eine kosmische Vision, die den Zuhörer dem großen Licht entgegenträgt.

Händel — Halleluja (aus Der Messias)
Dies ist wahrscheinlich die größte Engelsmusik, die jemals komponiert wurde. Händel erblickte die Engel, die in sein Zimmer zu ihm herabstiegen und es ausfüllten, als er ihre inspirierten Gedanken empfing, während er diesen Teil des *Messias* komponierte.

Bohm — Still wie die Nacht
Eine ruhige, meditative und doch äußerst kraftvolle Musik, die an die ewige Ruhe des Himmelreichs erinnert.

Chopin — Nocturne in Es-Dur (Nr. 2, op. 9)
— Konzert für Klavier Nr. 1 (Adagio)
— Andante Spianato
Alle diese Stücke eröffnen dem Zuhörer die Klänge und Harmonien des Reichs der Engel.

Wagner − Walkürenritt
Die kräftigen Klänge siegreicher Kriegsengel reinigen die Atmosphäre und fordern den Zuhörer dazu heraus, Mut zu fassen.
− Vorspiel zu Parsifal
Die Musik des Heiligen Grals, der den Zuhörer ins Reich der Himmlischen Heerscharen und der Lichtwesen emporträgt.
− Vorspiel (1. Akt) zu Lohengrin
Wagner erblickte auf- und absteigende Engel in der schimmernden Pracht des Gralthemas.
− Wie Todesahnung (Tannhäuser)

Bruckner − Symphonie Nr. 8 (Adagio)
Dies ist eine Musik der Nacht, die an Wälder und hohe Berggipfel erinnert − Bruckners Klanggemälde des Erzengels Michael, der gegen die bösen Mächte ankämpft.

Respighi − Pini di Roma (3. Akt)
Dieser Teil von Respighis Werk ruft Natur-Devas und Engelwesen herbei.

Paul Horn − Inside the Taj Mahal
Die Flötenmusik, die in der hallenden, durchsichtigen Akustik des wunderbaren Taj Mahal emporsteigt, verbindet den Zuhörer mit den Engelsharmonien.

Mendelssohn − Denn er hat seinen Engeln befohlen
− Sanctus (beide: aus Elias)
Die Hingabe und Ehrfurcht von Mendelssohns sakraler Musik verbindet den Zuhörer mit dem Reich der Engel.

Bach, J. S. − Sanctus (aus Messe in H-Moll BWV 232)
Kraftvolle, emporsteigende Musik; himmlische Chöre stellen die Verbindung zu den Engelskräften her.

Rubinstein − Angelic Dream (aus Kamennoi Ostrov)
Magische Musik, die den Zuhörer mit ihren schönen, anregenden Themen ins Reich der Engel emporhebt.

Schubert – Ave Maria (aus Ellens Gesänge)
Diese erhabene, hingebungsvolle Musik bringt uns den Engelskräften näher.

Bach-Gounod – Ave Maria
Ebenfalls eine sehr schöne religiöse Musik.

Gounod – Sanctus (aus Messe Chorale)
Eine sehr stark zeremoniell geprägte Engelsmusik, die die Engel willkommen heißt – äußerst machtvoll.

Thomé – Andante Religioso
Behandelt das Thema des Heiligen Geistes.

Rodgers-Hammerstein – Climb Every Mountain (aus Sound of Music, Die Trapp-Familie)
Diese Musik scheint die Klänge des eigenen Schutzengels zu enthalten, der uns rät, ein besseres Leben zu führen und uns Schwierigkeiten zu stellen, um sie zu meistern. Das Stück bietet Klang und Macht des großen Mutes.
– Prologue (aus Sound of Music, Die Trapp-Familie)
Rufe der Engels- und Deva-Wesen, die miteinander kommunizieren, und deren Laute von den Berggipfeln der Alpen widerhallen.

Pachelbel – Kanon in D-Dur

Braga – Serenade

Casals – Gesang der Vögel

Marx-Gerda – Guardian Angels (gesungen von Mario Lanza)

Elgar – Pomp and Circumstance, No. 1

Rodrick White – Bright Messenger

Diese Hymnen, die aus verschiedenen Bekenntnissen und Traditionen stammen, enthalten Engelsklänge wie auch Texte, die diese Heerscharen voller Freude und Hingabe lobpreisen:

Hymnen:

Stille Nacht (von Adam)

Ye Watchers and Ye Holy Ones (Melodie: Laßt uns erfreuen)

Ye Holy Angels Bright (Melodie: Darwall's 148th)

Angels from the Realms of Glory (Melodie: Regent Square, Henry T. Smart)

Angels We Have Heard on High (Melodie: Gloria)

(Diese Hymnen finden sich in *Congregational Hymnal*, United Church of Christ)

Es kann niemals schaden, diese große Musik zu spielen. Eine solche Engelsmusik ist stets von hohem therapeutischen Wert, sie wirkt inspirierend und spirituell erhebend, wodurch sie dem Zuhörer auch merklich Kraft einflößt und die Aura reinigt.

Kommt, all ihr Seraphim in Flammenreih'n,
Stimmt laut zum Schall der Engelchöre ein.
Kommet, ihr Cherubim, mit Freudensang,
Und weckt der goldnen Harfe süssen Klang.
Laut stimme ein, du ganze Himmelsschar,
Ewig zu Lob und Preis dem, der da ist und war.

Samson von Händel

8.
Musik für Gott und Christus

Mein ganzes Wesen ist es, Herr Christus, das ich dir geben soll,
Baum und Frucht zugleich, das vollbrachte Werk wie auch die
gezügelte Kraft, das OPUS zusammen mit der Operation selbst.
Teilhard de Chardin

Wenn wir einmal das Leben und die Musik großer Komponisten betrachten, erkennen wir, wie häufig sie sich bei ihrem Schaffen von
einer höheren Inspiriertheit haben leiten lassen. Die meisten Komponisten, die diese Göttliche Gegenwart anerkannten, die mit ihnen
und durch sie arbeitete, standen abseits bestimmter religiöser Insti-
tutionen oder Bindungen. Doch wenn man die Tagebücher und Briefe großer Komponisten liest, stellt man fest, daß sie diese Göttliche
Gegenwart entsprechend ihren eigenen Erfahrungen und Kontakten
dazu benannten. In vielen Fällen haben sie diese Gegenwart „Gott"
oder „Christus" genannt, indem sie erkannten, daß ihre Inspiration
einer Quelle kosmischer Kraft entsprang, die gleichzeitig transzen-
dent und äußerst nahe und mit ihrem Leben verwoben war. Wenn
sie offen und empfänglich waren, überkam dieses göttliche Strahlen
jene Künstler unabhängig von ihrer jeweiligen Religion oder Philosophie, um ihre Kreativität wie ein goldenes Feuer zu erleuchten.
In solchen Fällen wird ein Komponist zum Verbindungskanal, der
zwischen dem Schöpfergott und der Menschheit eine engere Beziehung herzustellen vermag. Oder, wie Corinne Heline es ausdrückt:
„Die höchste Mission der Musik besteht darin, als Bindeglied zwischen Gott und Mensch zu dienen. Sie schlägt eine Brücke, über die
sich die himmlischen Heerscharen der Menschheit nähern können."
  Bei einer genaueren Betrachtung des Charakters großer Komponisten fällt auf, daß viele von ihnen irgendeine noch nicht verfeiner-

te Schwäche oder ein Problem aufweisen, das ihren Charakter oder ihr Temperament berührt. Doch selbst inmitten solcher Mängel überstrahlen höhere Impulse oft diese Unvollkommenheiten. Bei all ihrer menschlichen Begrenztheit — denken wir nur einmal an Wagners Rassenvorurteile, an seinen Egozentrismus und an sein verantwortungsloses Handeln, oder an Beethovens Wutanfälle und an seine barschen Umgangsformen — werden sie offenbar dennoch vom Göttlichen Licht bestrahlt, und das macht aus ihren menschlich-allzumenschlichen Anstrengungen, aus schlichter Arbeit zeitlose Meisterwerke, die der Evolution der Menscheit entscheidende Impulse zu geben vermögen. Beethoven schien sich seiner menschlichen Schwäche ebenso bewußt zu sein wie seiner göttlichen Begnadung, als er sagte: „Göttlicher, du blickst ins Innerste meiner Seele, du erkennst, daß dort Liebe zu Menschen und das Streben, Gutes zu tun, leben ... O Gott, gib mir die Kraft, mich selbst zu besiegen; nichts darf mich an das Leben ketten."

Nach eingehenden Studien habe ich in den Biographien der großen Komponisten häufig Augenblicke entdecken können, in denen ihre Hingabe an Gott so stark war, daß sie alle festgelegten religiösen Bindungen übertrumpfte. Mozart schrieb in sein Tagebuch: „Ich betete zu Gott, und die Symphonie begann." J. S. Bach bestätigte: „Höchstes und letztes Ziel aller Musik sollte nur die Ehre Gottes und die Erbauung des Geistes sein." Beethoven, der Gott durch sehr viel persönliches Leid näherkam, formulierte in seinem Tagebuch schließlich, daß er sich selbst als Komponist und als Mensch akzeptierte und schrieb: „Ich werde demütig alle Zufälle und Veränderungen des Lebens hinnehmen und mein ganzes Vertrauen in deine unwandelbare Güte legen, o mein Gott." Der große böhmische Komponist Dvořák begann seine Partituren stets mit den Worten: „Gott sei gedankt", und Anton Bruckner, der österreichische Meister, widmete seine *Neunte Symphonie* „Dem geliebten Gotte". Viele von Vivaldis Notensätzen trugen das Motto: „Ehre sei Gott und der gesegneten Jungfrau Maria." Auch Händel beschreibt seine ekstatischen Erfahrungen beim Komponieren des *Messias:* „Ich meinte, den ganzen Himmel vor meinen Augen zu sehen — und Gott Selbst! Ob ich beim Schreiben in meinem Körper war oder außerhalb, weiß ich nicht. Das weiß nur Gott." Haydn berichtet von seinem Frohlocken im Herrn: „Gott hat mir ein frohes Herz beschert ... Wann immer ich an den lieben Herrn denke, muß ich lachen. Mein Herz hüpft vor

Freude in meiner Brust." Während er *Parsifal* komponierte, schrieb Wagner sein spirituelles Credo fest: „Ich glaube an Gott, Mozart und Beethoven, und an ihre Jünger und Apostel; ich glaube an den Heiligen Geist und an die Wahrheit der Kunst — die eins und unteilbar ist; ich glaube, daß die Kunst der Musik aus Gott entspringt und in den Herzen aller erleuchteten Menschen wohnt ... Ich frohlocke in einem Gedanken und einer Überlegung, deren Ergebnisse der Welt doch noch eine große Heilung bescheren könnten ... daß ich nämlich imstande sein könnte, Christus deutlich zu machen."

Obwohl man ihm vorgeworfen hat, Agnostiker zu sein, gibt es von Ralph Vaughan Williams folgende Erklärung: „Die Musik ist nicht nur eine Wissenschaft, sondern auch eine göttliche Stimme ... Die göttliche Gnade tanzt; tanzt ihr also ebenfalls." Über seine *Slawische Messe* sagt Janáček: „Ich will den Menschen zeigen, wie sie mit Gott sprechen können." Berlioz schrieb an einen Freund über *L'Enfance du Christ*: „Das Werk scheint mir ein Gefühl des Unendlichen, der göttlichen Liebe zu enthalten."

Franck sagte zu seinem Freund und Schüler D'Indy: „Die Freude der Welt wird durch das Wort Christi verwandelt und blüht auf." Über seinen eigenen Glauben schreibt D'Indy in seiner Biographie Francks: „Der Ursprung der Musik ... liegt ohne jeden Zweifel in der Religion. Der erste Gesang war ein Gebet. Gott zu preisen, die Schönheit, die Freude und sogar das Grauen der Religion zu preisen, war beinahe 800 Jahre lang das einzige Ziel jedweder Kunst." In seiner Wiedergabe seiner Gespräche mit Brahms schreibt Arthur Abell: „Wer von all den zahllosen Millionen Menschen, die auf dieser Erde gewandelt sind, könnte sich mit Christus vergleichen? Er lehrte Rechtschaffenheit, Ehrlichkeit im Umgang mit unserem Nächsten, und Er wußte, daß es ein Leben jenseits des Grabes gibt, und daß wir es uns durch den Glauben und durch das Befolgen der Gebote verdienen. Christus kam zu uns als Beispiel, und nicht als Ausnahme." Auch Brahms, der von manchen als unbeirrbarer Agnostiker angesehen wird, äußerte sich zu seinem Glauben gegenüber Arthur Abell: „Ich spüre ein Beben, das mich völlig erzittern läßt. Das sind die Geister, die die Seelenkraft in meinem Inneren erleuchten, und in diesem exaltierten Zustand sehe ich völlig klar, was in meinen gewöhnlichen Stimmungen nur verschwommen zu sein scheint. Dann fühle ich mich fähig, Inspiration von oben zu ziehen, wie es Beethoven tat ... Ich erkenne, daß ich und mein Vater eins sind."

Der Komponist Gustav Mahler wurde jüdisch erzogen, doch seine Sehnsucht nach dem Geist sprengte in ihrer Intensität alle starren religiösen oder Glaubensgrenzen. Wir hören diese Hingabe und diesen gesteigerten spirituellen Kontakt zum Göttlichen in seinen eigenen inspirierten Worten, die er für das Chor-Finale seiner *Symphonie Nr. 2* (Auferstehung) schrieb:

O Schmerz! Du Alldurchdringer!
Dir bin ich entrungen!
O Tod! Du Allbezwinger!
Nun bist du bezwungen!
Mit Flügeln, die ich mir errungen,
In heißem Liebesstreben,
Werd' ich entschweben
Zum Licht, zu dem kein Aug' gedrungen!
Sterben werd' ich, um zu leben!
Aufersteh'n, ja aufersteh'n
Wirst du, mein Herz, in einem Nu!
Was du geschlagen
Zu Gott wird es Dich tragen.

Diese und viele andere dokumentierte Erklärungen in den Tagebüchern und Briefen großer Komponisten machen klar, daß dort, wo der Geist die dem Höheren zugewandte Seele und das aufgeopferte Ego inspiriert, große Kunst entstehen kann, sofern auch das vorhandene Talent entsprechend kultiviert wurde.

Sowohl in der Musik als auch im ganzen Leben treten wir aus dem Chaos in eine neue Ordnung hinaus. Der Kult der Häßlichkeit, die Verherrlichung des Ego und der selbstsüchtige, engstirnige Provinzialismus werden langsam von neuen Perspektiven der Schönheit, der Selbstaufopferung und der planetenweiten Zusammenarbeit abgelöst. Es entsteht heute ganz langsam eine neue Synthese innerhalb der Künste, bei der das Beste aus der Überlieferung mit dem Neuen und Unerwarteten verbunden wird. Ein großer Teil der heutigen Musik wirkt jedoch recht ephemer und oberflächlich. Viele Stilrichtungen intellektuell orientierter Musik müssen erst noch einen grundlegenden Wandel erfahren.

Am Horizont ist auch bereits eine spirituelle Renaissance auszumachen, ein neues Hungern nach der Göttlichkeit, das oft gar nicht freiwillig entsteht, sondern aus der reinen Notwendigkeit heraus. Manche Künstler spüren bereits diese neue Entwicklung. George Rochberg, ein zeitgenössischer amerikanischer Komponist, der viele Jahre mit dem Serialismus und mit atonalen Experimenten verbracht hat, hat vor kurzem sein neues künstlerisches Glaubensbekenntnis formuliert: „Die Aufgabe der Kunst besteht darin, Gott zu preisen." Auch John Nelson, der Musikdirektor und Dirigent des *Indianapolis Symphony Orchestra*, hat kürzlich seine Liebe zu Gott und Christus mit folgenden Worten kundgetan:

> Manche inneren Blockaden entstehen wegen der eigenen Unzulänglichkeiten, andere wegen äußerer Umstände, und oft verwechsle ich beide miteinander. Wenn ich keine gute Arbeit leiste und etwas schiefgeht, dann ist das mein Fehler, meine Frustration. Zu anderen Zeiten kam es auch vor, daß ich gute Arbeit geleistet habe und gebremst wurde. Beides habe ich erlebt. Als Christ glaube ich, daß mir die Dinge, sofern ich meine Arbeit gut erledige und dem folge, was mir als der Wille Gottes erscheint, klarer werden; oder wenn sie nicht klarer werden, so weiß man, daß sie aus einem bestimmten Grund nicht klarer sind, so daß man die Situation eben akzeptiert.

Später im Interview, das im Mai 1979 im *Christian Herald* erschien, spricht Maestro Nelson über den Unterschied zwischen einfachem Talent und Gaben, die seiner Meinung nach vom Christuslicht inspiriert sind:

> Es ist eine ganz besondere Freude, einen Sänger zu erleben, der nicht nur ein schönes Instrument, seine Stimme also, zum Vortrag bringt, sondern auch seine innerste christliche Überzeugung. Solisten, die ihre Musik gekonnt und gut darbieten können, findet man überall, aber es muß dabei auch noch etwas Tieferes sein.

Unabhängig davon, welcher Religion oder welchem Glauben man angehört, ist man stets *potentiell* spirituell, wenn man das tiefste Innere des Menschen betrachtet. Was immer man für Neigungen haben, welcher Überlieferung man auch zugehören mag – wenn man sich erst einmal dazu entschlossen hat, diesen spirituellen Impuls und diese seelische Kraft in Dankbarkeit und Lobpreisung einzusetzen, öffnet sich das eigene Leben immer mehr, und das Göttliche Licht durchströmt alle entsprechenden Anstrengungen. Dann führen einen viele unerwartete Abenteuer auf neue Reisepfade zum Geistigen. Das Lebenstempo wird durch immer größere Prüfungen beschleunigt, und der allumfassende Geist und viele unsichtbare Helfer Gottes lassen jeden Augenblick des Lebens zu einem neuen Gipfelpunkt werden.

Es gibt eine Reihe musikalischer Werke, die zutiefst von der Liebe zu Gott und zu Christus inspiriert worden sind. Solche Musik ist in ihrem innersten Wesen spirituell. Sie kann unser Bewußtsein erheben und uns zu einer spirituellen Einstimmung verhelfen, wenn wir sie auf uns einwirken lassen.

Es folgt nun eine Reihe musikalischer Werke, die im Licht der Inspiration und der Hingabe an Gott und den Lebenden Christus komponiert wurden:

Händel — Der Messias
Wagner — Parsifal (Die Legende vom Heiligen Gral)

Bach, J. S. — Jesus bleibet meine Freude
— Weihnachtsoratorium
— Johannespassion
— Matthäuspassion
Berlioz — L'Enfance du Christ
Rheinberger — Der Stern von Bethlehem
Mendelssohn — There Shall a Star from Jacob (aus Christus)
— Elias
Kaplan — Glorious (the Psalms)
Bloch — Sacred Service
Vivaldi — Gloria
Casals — The Manger
Ives — A Christmas Carol
Hovhaness — Magnificat
Britten — A Ceremony of Carols
Vaughan Williams — The Sons of Light
— Hodie
— Fantasia on Christmas Carols
Virgil Fox — Christmas
— Great Protestant Hymns

Malotte – The Lord's Prayer
Elgar – The Light of Life
Parry – Ode on the Nativity
– Jerusalem
– I Was Glad
Fauré – Requiem
Mahler – Symphonie Nr. 2 (Auferstehung)
Mozart – Ave Verum Corpus
– Krönungsmesse (Messen Nr. 14)
– Exsultate, Jubilate
Franck – Les Béatitudes
– Panis Angelicus
Brahms – Ein deutsches Requiem
Rachmaninoff – Wsenoschnaja
Liszt – Christus - Oratorium
Haydn, J. – Die Schöpfung
– Messen
Bruckner – Symphonie Nr. 9
– Te Deum
Gounod – Cäcilienmesse
Whiting, R. – God Be With You Till We Meet Again
Fischer – Mass for Freedom
Zamfir – To You, O God
Cash – Gospel Road
Mario Lanza – I'll Walk With God
Nelhybel – Praise Ye the Lord
Palestrina – Missa Papae Marcelli
Monteverdi – Vesperae della Beatae Mariae Virginis (1610)
Byrd – Mass for Five Voices
Schubert – Ave Maria (aus Ellens Gesänge)
Beethoven – Christus am Ölberge
Enjoy Jesus – Hour of Power, Rev. Robert Schuller
Spirit Alive – Monks of the Weston Priory (Weston, Vermont)
Alfred Hill – Symphony (Joys of Life)

O meine Seele, für dich bleibt jetzt nur eins — deinen Stolz vor solchem Mysterium zu beugen! O mein Herz, schwelle an mit tiefer, reiner Liebe, die allein uns führen kann in himmlisches Gefilde. Berlioz, L'Enfance du Christ

Worte des unsichtbaren Engelschors

Herr Christus, der du so sanft bist wie das menschliche Herz, so feurig wie die Kräfte der Natur, so innig wie das Leben selbst, du, in dem ich dahinschmelzen kann und in dem ich Meisterschaft und Freiheit haben muß: Ich liebe dich wie eine Welt, wie diese Welt, die mein Herz gefangennimmt. Du bist es, das erkenne ich nun, den meine Menschenbrüder, selbst jene, die nicht glauben, durch die magischen Weiten des Kosmos hindurch spüren und suchen.

Pierre Teilhard de Chardin

9.
Kleine Galerie
großer Komponisten

Wir Komponisten sind die Projektoren des Unendlichen ins Endliche.

Grieg

Als Kanal für große Musik bringt jeder Komponist eine bestimmte Färbung ein. Jeder große Künstler kann Ihnen durch seine musikalischen Werke eine ganz eigene Energie bescheren, die Sie durch sich hindurchströmen lassen können. Durch große Meisterwerke der Musik vermittelt, kann eine solche Energie einen Menschen sowohl im speziellen als auch im allgemeinen beeinflussen. Sie können also lernen, bestimmte Kompositionen dazu einzusetzen, sich selbst wieder ins Gleichgewicht zu bringen und den Notwendigkeiten und Herausforderungen des Lebens zu begegnen. Manche musikalischen Werke sind wie Stimmgabeln, die Ihnen Kraft bescheren und Sie auf die Harmonie des Lebens einstimmen.

Während Ihr Geschmack sich im Laufe der Jahre verändern mag, werden andere Neigungen sich mit der Zeit noch viel mehr verstärken. Mit Hilfe Ihrer tiefsten Bedürfnisse, Ihres Temperaments und der Schubkraft vieler in der Vergangenheit getroffener Entscheidungen können Sie jene musikalischen Werke finden, die Sie am unmittelbarsten ansprechen.

Gewöhnen Sie es sich an, eine Liste jener Werke zu führen, die Ihnen am meisten helfen. Beobachten Sie, auf welche Weise diese Stücke Sie beeinflussen und zu welcher Zeit sie am geeignetsten sind. Wie sehr enge Freunde, werden solche Kompositionen Sie stets stärken und nähren, und Sie können sie immer wieder voller

Vertrauen und Zuversicht in Anspruch nehmen. Machen Sie sich mit großer Musik vertraut, erweitern Sie Ihr Wissen darum, damit Sie auf diese Weise zu neuen Kontakten finden. Erforschen Sie neue Komponisten und ihre Stücke, und seien Sie wachsam und bereit, jene Musik auch wahrzunehmen, die für Sie am schönsten und am heilsamsten ist. Halten Sie sich von Komponisten und von Musik fern, die Ihnen nichts geben.

Die Größe der Musik als Heilmittel liegt in ihrem unentwegten Werden. Musik steht niemals still: Sie ist immer wieder und auf alle Zeiten neu und lebendig, und stets beschert sie Ihnen neue Kräfte der Melodie, des Rhythmus und der harmonisierenden Energien, von denen Sie sich durchfluten lassen können. Benutzen Sie Werke der Musik, wie Sie es mit Heilquellen tun würden. Spüren Sie, wie die flüssigen Klangströme Sie durchfluten, lassen Sie sich von Ihrer Musik baden und reinigen.

Wenn ich Sie nun mit großen Komponisten bekanntmache, so sollten Sie meine Beschreibungen nicht als etwas Definitives, Festgelegtes betrachten, sondern als Anregungen. Ich habe versucht, bei jedem dieser Künstler und seiner Musik meine ganz persönlichen Eindrücke und Gefühle zu schildern; es kann also durchaus sein, daß Sie einzelne Stücke oder vielleicht sogar das Gesamtwerk eines Komponisten mit völlig anderen Ohren hören als ich. Das ist auch gut so: Ich hoffe nämlich, daß meine eigenen Kommentare für Sie in erster Linie ein Sprungbrett sind, mit dessen Hilfe Sie den Zugang zum Reich der Musik und zur Liebe zur Musik finden, um auf diese Weise zu jener Musik zu gelangen, die Sie am meisten inspiriert und Ihnen Klarheit und neue Wege zum Licht eröffnet.

Gregorianische Gesänge und ältere Musik

Empfehlen möchte ich Ihnen die herrliche, wunderbare Musik der gregorianischen Gesänge. Oft werden solche Stücke von Mönchen oder Nonnen gesungen, die ein klösterliches Leben führen. Weil die gregorianischen Gesänge aus einer ursprünglichen, spirituellen Motivation heraus entstanden, werden Sie beim Hören oft eine Ehrfurcht, eine vertiefte Hingabe und eine Intimität versprüen, die weitab von irdischen Belastungen und Querelen liegt. Gregorianische Musik hat nichts Sensationelles an sich; sie ist nicht durch zahlreiche Brüche oder sich verschiebende Tempi gekennzeichnet. Sie stellt für Sie die Verbindung zum Ewigen her und weckt in Ihnen wahre Demut und Hingabe. Diese Gesänge bieten uns eine gute Möglichkeit, uns nach einem anstrengenden Tag zu erholen, denn ihr himmlischer Klang kann Sie dem Irdischen entreißen. Diese Musik hat auch eine Weite, die das Bedürfnis nach Verehrung erweckt, und sie wird Sie empfänglich für das Widerhallen der jubilierenden Himmel machen. Gregorianische Musik ist beruhigend, kraftspendend und reinigt den körperlichen und seelischen Organismus. Man kann in ihr „versinken", in eine andere Welt des Friedens und des Fließens eintreten, die ein kräftiges Gegenmittel zu den Verspannungen und Ungewißheiten unserer Zeit darstellt. Wenn Sie dieser Musik lauschen, ohne gleich damit der Welt entfliehen zu wollen, können Sie darin viel Konstruktives und Stärkendes finden.

Ich erinnere mich noch an einen unvergeßlichen Augenblick in Cambridge, als ich vor einigen Jahren dort gregorianischen Gesängen lauschte. Es war am Abend, und die Atmosphäre war voller Friede, während die Sonne durch die bemalten Scheiben der Kapelle von King's College schien. Plötzlich schritt eine kleine Gruppe in Roben gekleideter Chorknaben durch den Mittelgang, wie um ein uraltes Ritual zu vollziehen. Dann begannen die kleinen Jungen gregorianische Gesänge anzustimmen, auch Psalmen gehörten dazu. Ich kann mich noch deutlich an das ehrfurchtgebietende Gefühl der Anwesenheit Gottes erinnern, als mich die Musik erfaßte, mich geradezu durchsichtig werden und das Licht durch mich hindurchströmen ließ. Sie führte mich in ein höheres Bewußtsein, und ein zeitloser Raum und Frieden umhüllten mich. Es war eine überwältigende Erfahrung, und kurz darauf versuchte ich, sie in folgenden Zeilen auszudrücken:

Heute abend singen Jungen
Hymnen, alt wie ihr Kapellenheim,
ein Lobgesang aus golden reinem Sopran,
solch junger Heiligkeit entspringend,
läßt das bemalte Glas erbeben.
Chorknäblein singen Lobpreisung,
Töne spielen auf ihren Antlitzen
und formen ewiglich das Licht des Einen.

Aus dem Flechtwerk der Sonnenfeuer
ruft die Musik ihre königlichen Chöre.
Alle Sänger dieser tönenden Stunden
vernehmen den Widerhall in Herz und Gebein,
erschaffen das Mark allen Gesangs,
werden schimmernd transluzent,
geben Göttlichkeit allein nur wieder.

Wenn Sie wieder einmal den Frieden und die zeitlose Herrlichkeit der Göttlichen Gegenwart erfahren möchten, sollten Sie sich diese Teile gregorianischer Musik und früher polyphoner Kompositionen anhören:

Missa Papae Marcellae
Gregorianische Gesänge von Assisi
Missa I in Nativitate D.N. Jesu Christi
Benedictine Nuns
Per annum
Feast of Michaelmas
Trappists Monks' Choir
Come to the Quiet — Eine schöne zeitgenössische religiöse Musik
   in klösterlicher Tradition

Es folgen nun Kurzportraits einiger der größten Komponisten. Ich habe stets dazu eines der Elemente (Feuer, Erde, Luft, Wasser) angefügt, das in den Kompositionen des jeweiligen Tonsetzers am stärksten vorzuherrschen scheint. Selbstverständlich finden sich in jeder Musik sämtliche Elemente in gewissem Ausmaß vertreten, doch meistens dominieren bei einem Komponisten nur ein oder zwei davon wirklich. Außerdem habe ich bei jedem Portrait das astrologische Zeichen des Komponisten erwähnt, denn diese Zeichen stehen in Verbindung zu den Elementen, wie in Kapitel 3 bereits erklärt wurde.

Antonio Vivaldi (Fische – Wasser)

Ich liebe Vivaldis schöne Melodien, die so perlen und wogen wie ein Strom. Seine Musik ist meistens sehr froh, unkompliziert, warmherzig und genialisch. Manchmal sind darin auch Imitationen von Naturgeräuschen und Vogelgezwitscher zu hören. Bei meiner Arbeit als Musiktherapeut konnte ich feststellen, daß Vivaldis helle, lebhafte Musik sich besonders gut dazu eignet, den Denk- und Gefühlshaushalt ins Gleichgewicht zu bringen und zu reinigen. Sie ist unaufdringlich und bietet sich stets als angenehmer Begleiter an. In manchen Pflegeheimen konnte ich beobachten, daß Vivaldis Musik mit ihrer beschwingten Lebhaftigkeit und ihrer rhythmischen Klarheit die Atmosphäre zu reinigen vermochte. Zuhause bieten sich seine Flöten- und Pikkoloflöten-Konzerte als gute Tafelmusik an, die auch die Verdauung fördern. Mit Vivaldi-Musik im Hintergrund kann man auch gut Briefe an Freunde schreiben.

Hauptwerke: Die Vier Jahreszeiten; Konzerte für Mandoline; Konzerte für Flöte; Gloria; Credo; Konzerte für Ottavino (Piccoloflöte); Sakrale Choralmusik
Ich empfehle besonders eine LP mit Vivaldis Musik, nämlich Koto Flute, eine Aufnahme, die uns vier Vivaldi-Konzerte bietet, die mit einer Flöte gespielt und von einem Koto-Orchester begleitet werden. Das Klanggewebe dieser Aufnahme ist sehr klar und schön.

Georg Philip Telemann (Fische – Wasser)

Vieles an Telemanns Musik erinnert an Vivaldis Kompositionen. Auch seine Melodien wirken rein, ebenso wie die Lebhaftigkeit der Stücke. Die Werke vermitteln ein Gefühl von Freiheit und Fließen, und die Musik wirkt sanft und doch geordnet und kraftvoll.

Mit Telemanns Musik im Hintergrund können Sie Ihren Tagesablauf planen. Sie ist besonders dafür geeignet, bei der morgendlichen Fahrt zum Arbeitsplatz den Kopf frei zu machen. Die Melodien sind fröhlich und wirken entspannend. Telemanns Musik hilft ihnen, den Streß des Autobahnverkehrs abzupuffern. Auch bei Nacht erweist sie sich als guter Begleiter und Freund.

Hauptwerke: Tafelmusik; Suiten für Orchester; Wasser-Musik; verschiedene Konzerte

Georg Friedrich Händel
(Wassermann-Fische – Luft-Wasser)

Mir persönlich sagt die Majestät und der Adel zu, die mir Händels Musik vermittelt. Seine schönsten Stücke sind oft sehr gefühlvoll und von geordneter Dynamik. Oft wirkt die Musik auch förmlich, traditionell und konventionsbezogen. Nie werden Grenzen gesprengt, doch innerhalb dieser kommt es zu einer Erhebung und einem Höhenflug des Geistes. Händels Musik wirkt auch zeremoniell, ernst und manchmal sogar stark verziert. Himmlisches Frohlocken ist häufiger zu bemerken als irdischer Frohsinn. Es geht Händel mehr darum, das menschliche Bewußtsein auf eine höhere Stufe zu bringen, damit es zu göttlichen Perspektiven gelange, als sich mit irdisch-menschlichen Dingen abzugeben. Seine Musik wirkt sehr bewegend.

Meiner Meinung nach ist Händels größtes Stück der *Messias,* vor allem der Halleluja-Chor. Als diese Musik sein Zimmer zu durchfluten begann, so berichtet er, fühlte er sich derart inspiriert und „entfacht", daß sein Federkiel kaum schnell genug über das Papier

huschen konnte, um das Gehörte einzufangen. In diesen Augenblicken, so weiß er außerdem zu berichten, erblickte er die Himmlischen Heerscharen, die ihn mit diesen vom Christuslicht durchfluteten Klängen erfüllten. Er war der Ansicht, daß diese Musik eigentlich nicht wirklich die seine sei, und so nahm er für keine einzige
Aufführung des *Messias* jemals ein Honorar entgegen; vielmehr wurden alle Erlöse barmherzigen Zwecken zugeführt. Sensitive Menschen spüren, daß diese Musik noch heute die Engelsscharen zu uns
zu führen vermag.

Hauptwerke: Der Messias; Konzerte für Harfe; Konzerte für Orgel; Wasser-Musik; Ode zum St. Cäcilien-Tag; Feuerwerksmusik;
Judas Maccabäus

Johann Sebastian Bach
(Fische-Widder – Wasser-Feuer)

Bachs Musik vermittelt mir die Macht und die Herrlichkeit Gottes.
Sie ist universal und hallt von der Weite der Himmel wider, wie sie
ihre Bahn ziehen. Seine Klanggewebe sind stark orchestriert, doch
selbst die Soloinstrumente klingen exakt plaziert und der Komposition angemessen.

Bachs Musik ist sowohl männlich als auch weiblich: Verstand und
Gefühl verschmelzen in ihr mit völliger Gewißheit und Festigkeit.
Mir verleihen seine Werke das Gefühl, daß er die unumstößliche
Sicherheit verbreiten will, daß das Licht die Finsternis besiegen, daß
Gott das Böse überwältigen wird. Seine schönsten Stücke sind ein
Echo himmlischer Chöre, deren Musik die Erde durchflutet. Die
Chöre seiner Kantaten wirken äußerst inspirierend; wer ihnen lauscht,
kann gar nicht anders, als aus seiner Depression und Teilnahmslosig-
keit gerissen zu werden. Bachs Musik ist streng und innerhalb enger
Grenzen strukturiert und dennoch weitgespannt.

Bach komponierte seine gesamte Musik für religiöse Zwecke und
zur „höheren Ehre Gottes". Diese Werke können das Leben des
Menschen verändern und ihm neue Wege eröffnen. Ich weiß noch,
wie es die Kraft und die Freude des *3. Brandenburgischen Konzerts*

waren, die einem Freund von mir den Mut bescherten, seine Ehe zu retten. Lauschen Sie Bachs Musik, um Ihren Geist zu klären und zu aktivieren.

Hauptwerke: Toccata und Fuge D-Moll; Messe in H-Moll; Matthäus-Passion; Johannes-Passion; Brandenburgische Konzerte; Magnificat; Weihnachtsoratorium; Suiten für Orchester; Jesus bleibet meine Freude

Christoph Willibald Gluck (Krebs – Wasser)

Ich liebe die Schlichtheit und Natürlichkeit von Glucks Musik. Sie bleibt stets geschmackvoll und verbindet Gefühl mit formalen Vorstellungen.

Eines seiner Werke, das den Zuhörer stets zu reinigen vermag, ist das frohe Stück *„Reigen seliger Geister"*. Dieses zehn- bis zwölfminütige Werk reinigt die Luft und trägt den Zuhörer beschwingt in reine Höhen empor. Es ist eine himmlische Musik.

Hauptwerke: Konzert für Flöte und Orchester; Don Juan; Orpheus und Eurydike

Joseph Haydn (Widder – Feuer)

Haydns Musik ist scharf und frisch, sie sprüht nur so von lebhaften Tönen und Rhythmen. Haydn selbst sagte, daß er seine Musik beim Komponieren knistern hörte wie Noten, die von einer Spindel sprühten. Seine Musik ist optimistisch, froh, rein und stets gutgelaunt. Es eignet ihr eine gute Energie, denn sie perlt. Es wird überliefert, daß Haydn voll Freude und Dankbarkeit seine besten Kleider und seine teuerste Perücke anlegte, wenn er sich ans Komponieren machte, weil er das Gefühl hatte, in Gegenwart von Musik gleichzeitig auch in Gegenwart des Schöpfers zu sein.

Spielen Sie Haydns Musik, um Depressionen oder Niedergeschlagenheit zu vertreiben. Haydn wird Ihnen dabei helfen, die lichte Seite der Dinge zu sehen und zu spüren. Seine Musik ist wie leuchtende Energiediamanten, die mit ihrem Licht alle starren Einstellungen oder negativen Gefühle durchdringen und diese aufbrechen. Seine Choräle sind oft von einer freuderfüllten Helligkeit. Haydns Musik flößt dem Zuhörer Kraft ein.

Hauptwerke: Die Jahreszeiten; Die Schöpfung; Die Symphonien; Quartette; Orgelkonzerte; Messen; Konzert für Trompete

Wolfgang Amadeus Mozart (Wassermann – Luft)

Mozarts Musik ist meiner Meinung nach völlig einzigartig und unterscheidet sich sowohl von ihrer Qualität als auch von ihrer Essenz her von den Werken aller anderen Komponisten. Sie wirkt etwas flüchtig und schwer greifbar, geheimnisvoll und manchmal trügerisch und sogar engelhaft. Immer ist sie raffiniert, elegant und charmant.

Diese luftige Ungebändigtheit macht für mich Mozarts Musik so schön. Wiewohl er durchaus im formalen musikalischen Rahmen und Stil seiner Zeit blieb, gelang es ihm doch, diese zu transzendieren und zu einer geradezu glasklaren Freude zu gelangen.

Durch seine Orchestereinsätze erzeugt er eine Musik von kristallener Klarheit, und doch ist sie auch mächtig und lichterfüllt. Die Schärfe mancher Werke offenbart einen Menschen, der sehr viel leiden mußte, es sich aber nicht gestattet, sich allzu lange in seinen Stimmungen und Launen zu verlieren. Seine Musik hat etwas Religiöses, das sich mit einer luftigen Leichtigkeit verbindet. Mozarts Musik ist eine ganze Welt für sich.

Hauptwerke: Die Zauberflöte; Klavierkonzerte; Messen; Streichquartette; Streichquintette; Symphonien; Violinkonzerte; Serenaden

Ludwig van Beethoven (Schütze – Feuer)

Beethovens Werk ist eine Titanenmusik. Sein Leben und seine Kompositionen schlagen neue Breschen ins Gefüge der menschlichen Gefühle und ihrer Bedingtheit. Beethoven ist der erste wirkliche Musikpsychologe, der die Psyche des Leidens der Menschheit erforscht und dem Menschen zu neuem Wachstum verhilft. Diese Musik pulst vor Freude und Schmerz. Wie eine unbändige Urgewalt durchpeitscht sie den Zuhörer mit brandenden Wogen der Kraft. Bisweilen zornig, gelegentlich friedvoll, eignen ihr ein kämpferischer Geist, Mut und eine starke Willenskraft, die in ihrer Macht oft hart wie Granit wirkt. Doch kann Beethovens Musik auch zärtlich und lyrisch, hingebungsvoll und völlig makellos sein.

Bei meiner Arbeit mit Patienten habe ich festgestellt, daß es völlig genügt, nur ein einziges Beethoven-Stück auf einmal zu spielen. Manche seiner Symphonien (besonders die Symphonien Nr. 3, 5, 6, 7 und 9) bescheren uns die Erfahrung eines ganzen Lebens mitsamt all seinem Gefühl und seiner Dynamik.

Für viele Menschen wirkt Beethovens Musik dergestalt, daß sie zwischenmenschliche Beziehungen erweitert und Mitgefühl und das Verlangen nach einer weltumspannenden Brüderlichkeit weckt. Das durch seine Werke vermittelte Einfühlungsvermögen bewegt Gruppen und Menschenmengen und hebt sie der menschlichen Erfüllung und der göttlichen Erkenntnis entgegen. Beethovens Musik ist wie ein in Orange und Purpur gekleideter königlicher Krieger.

Hauptwerke: Die neun Symphonien; Die Geschöpfe des Prometheus; Missa Solemnis; Klavierkonzerte; Fidelio; Konzert für Violine und Orchester D-Dur; die Quartette

Franz Schubert (Wassermann – Luft)

Schuberts Privatwelt gefällt mir gut. Seine Musik erinnert mich an den ewigen Wanderer, der auf Erden niemals zuhause ist und doch erfüllt von menschlicher Wärme und Gutherzigkeit vorbeizieht. Schuberts Musik ist die eines Einsamen unter Freunden, sie lebt im Spannungsfeld zwischen Liebe und Schmerz, mit einem Gespür für den Frieden jenseits der Vergänglichkeit des Lebens.

Drei der wohl hilfreichsten Werke aus Schuberts musikalischem Schaffen sind für mich *Rosamunde, Ave Maria* und die *Symphonie Nr. 8 H-Moll „Unvollendete".* Die Menschen mit denen ich arbeite, reagieren äußerst positiv auf diese Stücke, weil sie in ihnen Zuversicht, ruhige Gelassenheit und tiefe innere Erweckung finden. Das *Ave Maria* ist eine Musik der bedingungslosen Liebe, der Hingabe und der Opferung, die den Kummer transmutiert.

Hauptwerke: Ave Maria (aus Ellens Gesänge); Die neun Symphonien; Messen; Streichquartette; Lieder; Stücke für Klavier; Rosamunde

Felix Mendelssohn Bartholdy (Wassermann – Luft)

Während Beethoven den Zuhörer aufwühlt, beruhigt Mendelssohn ihn mit seiner stillen Musik. Seine Stücke sind von einer aristokratischen Verfeinerung und einer erhebenden Freude. Oft sehe ich vor meinem geistigen Auge schöne, in Grün- und Türkistönen gehaltene Landschaften, wenn ich Mendelssohns Musik höre.

Sie eignet sich meiner Erfahrung nach gut dazu, um verspannte und aufgewühlte Patienten zu behandeln. Die *Symphonie Nr. 4, op. 90 „Italienische"* und die *Ouvertüre „Meeresstille und glückliche Fahrt"* und *Die Hebriden* bescheren uns heilende Energien, die die Atmosphäre reinigen. Mendelssohns Musik erquickt auch die Kranken und Einsamen und lindert Erschöpfung und Müdigkeit.

Hauptwerke: Ein Sommernachtstraum; Die Symphonien; Konzert für Violine E-Moll op. 64; Elias; Paulus; Meeresstille und glückliche Fahrt; Auf Flügeln des Gesangs; Lieder ohne Worte

Frédéric Chopin (Fische – Wasser)

Wie Mendelssohns Musik auch, sind Chopins Werke äußerst fein und raffiniert. Doch anstatt äußere Landschaften in Klänge umzusetzen, bildet Chopin Seelenlandschaften des Gefühls ab. Eine tiefe emotionale Zufriedenheit durchströmt seine Klavierwerke. In seinen besten Stücken spüre ich auch Adel, etwas Nostalgie und Romantik. Seine Musik ist wie Wasser, das ständig seine Konturen, Schattierungen und Farben verändert. Manchmal ist sie wie ein leiser Bach, dann wird sie zu einem tosenden Strom, doch immer bleibt sie flüssig und trägt den Zuhörer durch einen sich unentwegt verwandelnden Strom menschlicher Gefühle.

Meiner Meinung nach haben seine Zeitgenossen sein Wesen deutlich erkannt und beschrieben:

Ein Mann mit einem exquisiten Herzen und Verstand.

Delacroix

Seine Seele war ein Stern und verblieb im Abseits.

Er war der Liebhaber eines Unmöglichen, das so schattig war und den Sternengefilden so nahe.

George Sand

Was andere auf Knien sagen, drückte er in der Klangsprache aus — alle Mysterien der Leidenschaft und des Schmerzes, die der Mensch auch ohne Worte begreift, weil es keine Worte gibt, mit denen man sie hinlänglich ausdrücken könnte.

Franz Liszt

Ich habe die Erfahrung gemacht, daß Chopins Musik besonders die Einsamkeit des Menschen anspricht. Zahlreiche Introvertierte, mit denen ich gearbeitet habe, reagierten sehr positiv auf seine Walzer, auf die *Nocturne Nr. 2 op. 9* und auf das *Klavierkonzert Nr. 1* (Adagio).

Hauptwerke: Etüden; Präludien; Improvisationen; Walzer; Nocturnen; Balladen; Die beiden Klavierkonzerte; Scherzi; Polonaisen; Mazurkas; Andante Spianato

Robert Schumann (Zwillinge – Luft)

Am stärksten reagiere ich bei Schumann auf die kindliche Qualität seiner Musik. Aber auch seine Fähigkeit, den Kern eines Gedanken oder einer Idee in Töne einzufangen, sagt mir zu. Seine Musik verarbeitet literarische Szenen und Themen und verwandelt sie in musikalische Melodien und Innenlandschaften. So verbindet sie die Sprache des Herzens mit der des Verstands.

Als am hilfreichsten haben sich von seinen Werken in meinem Leben und bei meiner Arbeit erwiesen: *Träumerei; Sinfonie Nr. 1 (Frühling)*, *„Kinderszenen"* und die *Klavierkonzerte*.

Hauptwerke: Die vier Symphonien; Manfred; Szenen aus Faust; Quartette; Klavierkonzerte; Cellokonzerte; Div. Stücke für Klavier

Johannes Brahms (Stier – Erde)

Brahms' Musik verbindet ein intimes, zärtliches und liebevolles Herz mit einer unruhigen, bäuerlichen Persönlichkeit, was man auch beim Hören bemerkt: Hier werden innere Konflikte mit großer seelischer Kraft ausgetragen. Seine Stücke haben etwas Zähes und dicht Orchestriertes, etwas, das meinem Empfinden nach aus den tiefen Wäldern und dem Dickicht entstammt. Doch immer gibt es einen Pfad, der ins Licht und ins Freie führt. Diese Musik besitzt ein zutiefst von Liebe erfülltes Herz, das niemals oberflächlich ist, wie auch einen mächtigen Intellekt, der Seite an Seite mit einem bäuerlich-derben Benehmen und einem zottigen Bart lebt.

Eine Komposition wie Brahms' *Symphonie Nr. 4* ist solide und zuverlässig, und das Stück kann Ihnen dabei helfen, wieder Boden unter die Füße zu bekommen, wenn Sie das Gefühl haben, den seelischen Anschluß ans Leben und an die Erde verloren zu haben. Die erdhafte Kraft seiner Musik verleiht Ihren Plänen und Wünschen ein festeres Fundament. Brahms' Kompositionen sind auch voller Humor und Hingabe (z.B. *Akademische Fest-Ouvertüre*).

Diese Musik beschert dem Zuhörer auch eine Harmonie mit der Natur (besonders in der *Symphonie Nr. 2*) und eine Spur von Wehmut, doch hält diese nie länger als einen kurzen Augenblick vor.

Meine Lieblingswerke von Brahms sind unter anderem folgende: *„Wiegenlied"*; *Symphonien Nr. 1, 2, 3*; *Klavierkonzerte*

Hauptwerke: Die vier Symphonien; Violinkonzert op. 77; Ein deutsches Requiem; Die beiden Klavierkonzerte; Verschiedene Kammermusik; Lieder

Richard Wagner (Stier-Zwillinge – Erde-Luft)

Will man Wagners Werk richtig einschätzen lernen, muß man erkennen, daß es sowohl menschliche als auch übermenschliche Energien enthält. Manchmal scheint diese Musik von einer geradezu egomanischen Sorge um Eigenmacht gekennzeichnet zu sein, während sie an anderen Stellen wiederum ein reiner und inspirierter Kanal für die göttliche Kraft ist.

Seine Zeitgenossen berichten, daß Wagner als Mensch unattraktiv, skrupellos und völlig ichzentriert war und das Gefühl hatte, daß die Welt ihm etwas schuldig sei. Als Komponist hingegen blieb Wagner seiner Sache stets treu, er schwankte nie und war offen für die Eingebungen der höheren Kräfte der Natur und der himmlischen Heerscharen.

Wagners Musik ist äußerst kraftvoll, von emporschäumenden Energien und elektrischen Blitzen durchzuckt. Seine besten Werke wühlen uns im tiefsten Innersten auf. Sie bescheren uns Kontakt zum Spirituellen, kosmisches Bewußtsein und das Gefühl, eine unbesiegbare Seele zu besitzen. Allerdings kann es recht erschöpfend sein, zu viel von seiner Musik auf einmal zu hören.

Mit einigen Werken Wagners können Sie Ihr Leben veredeln und inspirieren. Allerdings kann einen diese Musik auch sehr herrisch und machthungrig machen, sogar bis zum völligen Wahnsinn. Hitler pflegte Wagner-Musik zu hören und sich fast bis zur Bewußtlosigkeit aufzustacheln, bevor er Ansprachen an seine Truppen hielt. Wagners Musik kann im Menschen ebenso das Allerbeste wie auch das Allerschlimmste heraufbeschwören.

Am erhabendsten und inspirierendsten erscheinen mir folgende Werke Wagners: *Ritt der Walküren*, das uns die mächtigen Rufe großer Kriegsengel bietet; Vorspiel zu *Lohengrin* (1. Akt), das voller Kraft, Exaltation und erfüllt von Engelsscharen ist, die auf die Erde hinabsteigen; Vorspiel und Karfreitagszauber aus *Parsifal*.

Hauptwerke: Der Ring-Zyklus; Parsifal; Die Meistersinger; Lohengrin; Tristan und Isolde; Der Fliegende Holländer; Siegfried-Idyll; Besonders instrumentale Ausschnitte aus diesen Werken.

César Franck (Schütze – Feuer)

Auf mich wirkt Francks Musik kontemplativ, voll inniger Hingabe an Gott. Sie ist weitgehend frei von Ego und bietet uns einen Kanal ins Reich der Deva- und Engelschor-Harmonien. So kann sie uns dabei helfen, empfänglicher für andere Wesenheiten zu werden und zu einer größeren geistigen Freiheit zu gelangen. Diese Musik ist auch erfüllt von der kraftvollen Schlichtheit wahrer Liebe. Mir erscheint sie wie der Klang einer Welt, die von der Göttlichen Gegenwart transformiert wird — warmherzig, weiträumig und im Innersten erhaben. Wie Francks Schüler D'Indy einmal sagte: ,,Francks Musik ist die Musik der Seelenmitte.''

Seine Musik beruhigt uns, weil sie uns beim Hören nichts abverlangt. Sie verströmt einfach ihren Gesang, der uns zwar oft als unvertraut, stets jedoch auf seltsame Weise schön und außerirdisch erscheint, wie eine besonders klare und reine Luft. Diese Musik eines kontemplativen Mystikers hat mich selbst zu folgenden Zeilen inspiriert:

> Lausche den Klängen großer Kathedralen,
> wie sie ins Firmament gipfeln;
> lausche den lobpreisenden Engelsscharen,
> wie sie die Erde erfüllen.

Hauptwerke: Verschiedene Orgelwerke; Symphonie in D-Moll; Quintett für Klavier; Symphonische Variationen; Les Beátitudes; Messe solennelle; Panis Angelicus (gesungen von Pavarotti)

Max Bruch (Steinbock – Erde)

Bruchs Musik enthält viel Kopf und Herz. Sie scheint im Erdreich menschlicher Freundschaft, Güte und warmherziger Liebe zu wurzeln. Man kann seine Melodien nachsingen, und vor allem seine Violinstücke sind stets sehr ansprechend und genial.

Bruchs Musik vermag uns seelisch zu speisen und Hingabe zu wecken. Sie wirkt eher bekräftigend als stimulierend.

Hauptwerke: Die drei Violinkonzerte; Schottische Fantasie; Kol Nidrei; Serenade; In Memoriam; Konzert für 2 Klaviere und Orchester; Adagio

Antonin Dvořák (Jungfrau – Erde)

Dvořáks Werk ist auch eine Erd-Musik, die Freude und Wärme verbreitet. Sie enthält viele schöne Melodien aus seiner böhmischen Heimat, indianische Gesänge und Neger Spirituals. Auch die Natur empfinde ich in seiner Musik als sehr präsent, ebenso wie ein Gefühl der Menschenliebe und Freundschaft. Viele seiner Stücke sind erfüllt von spiritueller Freude, von Lebensbejahung und von der erdhaften Schlichtheit des Heims und des fruchtbaren Bodens.

Bei zwei Behandlungen hat mir Dvořáks Musik ganz besonders geholfen. Ich mußte einmal einen jungen Schüler unterrichten, der äußerst verspannt und voller Sorgen und Unruhe war. Das Largo aus der *Symphonie Nr. 9* half ihm dabei, sich zu entspannen und zu konzentrieren. In einem zweiten Fall erinnere ich mich noch gut daran, um wieviel glücklicher eine Frau wurde, nachdem sie einfach nur dagesessen und in aller Ruhe seinen „*Humoresken*" gelauscht hatte.

Eines der Lieblingsstücke, die meine Frau und ich als erstes miteinander teilten, war das „*Konzert für Violoncello*", das wir beide schon sehr gemocht hatten, bevor wir uns kennenlernten. Seine Melodien sind schön, triumpherfüllt und voller lyrischer Herzensgesänge.

Hauptwerke: Die neun Symphonien, bes. Nr. 8 und 9 (Aus der Neuen Welt); Konzert für Violoncello; Humoresken; Slawische Tänze; Konzert für Klavier

Edvard Grieg (Zwillinge – Luft)

Wenn ich Griegs Musik höre, muß ich immer an das „kleine Volk" der Naturwesen denken — an Elfen, Gnome, Feen und so weiter, wie auch an die Musik der großen Wasserfälle und Fjorde des Nordens. Griegs Kompositionen sind erfüllt von bezaubernden, lyrischen Kameen kleinerer Naturwesenheiten, und sie haben eine nordische Frische an sich, die an die freie Natur erinnert und jede Atmosphäre zu reinigen vermag, wenn man sie abspielt. Freude und Vitalität kennzeichnen diese Musik, und sie wirkt sehr belebend.

Beschäftigen Sie sich einmal besonders mit Griegs „*Notturno*" aus seinen *Lyrischen Stücken,* wie auch mit dem Adagio des *Klavierkonzerts A-Moll op. 16.* Diese Werke scheinen von ganz besonderer Heilkraft zu sein.

Obwohl seine Musik kraftvoll und mächtig ist, klingt sie in der Regel nicht so überwältigend und ehrfurchtgebietend wie die Wagners oder wie die Landschaften Sibelius'. Eines seiner dramatischsten

Stücke ist das bereits erwähnte *Klavierkonzert*. Wie Mendelssohn und Chopin es schon vor ihm taten, hat Grieg intime Klangporträts und Vignetten von großer Schönheit komponiert. Ich habe die Erfahrung gemacht, daß seine Musik von großer Heilkraft ist und von den Menschen, die ich berate, sehr positiv aufgenommen wird.

Hauptwerke: Konzert für Klavier A-Moll op. 16; Aus Holbergs Zeit; Olav Trygvason; Ich liebe dich (Lied); Verschiedene Stücke für Klavier; Lyrische Stücke; Elegische Melodien; Norwegische Tänze

Peter Iljitsch Tschaikowsky (Stier – Erde)

Tschaikowskys Musik weckt innere Träume und Phantasien. Seine Werke haben oft etwas Wehmütiges an sich, das Erinnerungen an Märchen und magische Reiche wachruft. Daneben ist seine Musik auch von starken slavischen Elementen der Kraft, der Dramatik und gelegentlichen Anflügen von Melancholie gekennzeichnet, und auch die russische Neigung, die dunkleren Seiten des Lebens zu erforschen, ist deutlich zu verspüren.

Manche seiner Stücke weisen auch einen großen Einklang mit der Natur auf, vor allem die *Symphonie Nr. 1, Dornröschen* und stellenweise auch *Schwanensee*. Die martialischen Passagen von *„Slavischer Marsch, Symphonie Nr. 5* und *Symphonie Nr. 6 (Pathétique)* sind ebenfalls charakteristisch für seine Musik, die den Zuhörer mit Kraft erfüllen kann.

Gehen Sie behutsam mit Tschaikowskys Musik um und achten Sie sorgfältig darauf, was Sie wann spielen, denn sein Werk umfaßt ein gewaltiges emotionales Spektrum. Suchen Sie sich jene Stücke aus, die Sie inspirieren, und spielen Sie nicht zu oft Kompositionen, die Sie in gedämpfter Stimmung oder in Phantasien befangen zurücklassen. Zu seinen belebenden, Energie aktivierenden Werken zählen meiner Erfahrung nach sein *Klavierkonzert Nr. 1,* sein *„Violinkonzert", „Serenade für Streichorchester", „Manfred", „Capriccio Italien"* und einige Stücke aus *Der Nußknacker.*

Hauptwerke: Die drei Klavierkonzerte; Die sechs Symphonien; Manfred; Konzert für Violine; Dornröschen; Schwanensee; Der Nußknacker; Serenade für Streichorchester; Slawischer Marsch; Capriccio Italien; Variationen über ein Rokoko-Thema

Frederick Delius (Wassermann – Luft)

Delius' Musik ist erfüllt von der Atmosphäre der Natur. Oft empfindet der Zuhörer das Fehlen jeglicher Menschen darin. In diesem Sinne ist sie distanziert, nicht greifbar, und dennoch erscheint sie dem Zuhörer als äußerst wirklich, denn er wird von ihr eher in die fließenden Rhythmen der Natur hineingeführt, als daß er bloßer Beobachter bliebe. Diese Musik ist wie eine flüchtige, duftige Brise, und ihre Wehmut erinnert uns an die Vergänglichkeit des Lebens, an die sich verändernden Beziehungen auf Erden und an die Jahreszeiten der Natur. Er ist eine universale Musik, die zu jedem Ort gehört und zu keinem.

Delius' Werke verlangen vom Zuhörer, daß er sich Zeit nimmt und sie sehr aufmerksam hört. Einige meiner Freunde meinten beim ersten Hören: ,,Da passiert ja gar nichts! Was will er denn überhaupt sagen?'' Doch als sie sich der Musik richtig hingegeben hatten, gelang es ihnen schließlich, Zutritt zu Delius' Welt zu finden. Eines seiner beliebtesten Stücke ist *,,On Hearing the First Cuckoo in Spring''*. Meiner Meinung nach sind seine Werke (vor allem *Appalachia* und *Florida Suite*) hervorragend dazu geeignet, die schöpferische Imagination anzuregen. Ich weiß noch, wie angenehm es war, zu den Klängen und Harmonien von *,,Brigg Fair''* und *,,Over the Hills and Far Away''* mit Fingermalfarben zu hantieren. Diese Musik wirkte sehr befreiend auf mich.

Hauptwerke: Appalachia; Song of Summer; Florida Suite; Cello Concerto; A Mass of Life; On Hearing the First Cuckoo in Spring; Over the Hills and Far Away; Brigg Fair; Piano Concerto; Song of the High Hills

Gustav Mahler (Krebs – Wasser)

Mahlers Musik umspannt das gesamte Spektrum menschlicher Emotion und seelischen Verlangens. Manchmal kennt sie auch die Qual, doch auf ihrem Höhepunkt (etwa in den *Symphonien Nr. 2, 3, 8 und 9*) steigt sie zu wahren Gipfeln der Freude, Erfüllung, strahlender Liebe und Verbindung zum Göttlichen empor. Viele Menschen spüren die Gegenwart himmlischer Chöre im triumphierenden Finale der *Symphonie Nr. 2 (Auferstehung)*, wie auch die Demut und Preisgabe der Seele in dem weit ausholenden Adagio der *Symphonie Nr. 9*.

Wenn ich Mahlers große Symphonien und Lieder höre, spüre ich, wie sich darin Lebensbejahung und Kraft mit Hingabe vermischen. Mahlers Welt ist von einer bittersüßen Qualität durchdrungen: Leiden bringt Befreiung, Resignation führt zum Loslassen.

Mahlers Werke wurden für sehr große Symphonieorchester geschrieben, also sollten Sie sich vor dem Hören darauf einstellen, mit Musik geradezu bombardiert zu werden. Seine achte Symphonie wurde sogar für ein über tausendköpfiges Ensemble geschrieben, und sie vermittelt eine kosmische Kraft und Gewalt, von der Mahler auch berichtete, sie deutlich empfunden und visionär geschaut zu haben. Doch über diese Macht hinaus ist seine Musik gleichzeitig erfüllt von Liebe und Hingabe, und die neunte Symphonie mündet schließlich in Frieden und Erleuchtung.

Hauptwerke: Die zehn Symphonien; Das Lied von der Erde; Lieder eines fahrenden Gesellen

Anton Bruckner (Jungfrau – Erde)

Anton Bruckner hat seine gesamte Musik dem allmächtigen Gott gewidmet. Für mich besitzt sie eine kosmische Qualität, ist sie die Äußerung eines demütigen christlichen Mystikers. Schicht um Schicht, Stein um Stein kann jede der sich entfaltenden Melodien

Sie zu Bergesgipfeln emportragen, die ins Reich des heiligen Lichts emporragen. Seine Musik entfaltet sich stets Stück um Stück, und oft liebt Bruckner es, seine großen Themen mit leichten Abänderungen zu wiederholen, um auf diese Weise eine nach oben führende Spirale zu erzeugen, die sich in größter Höhe schließlich öffnet, bis sich die gesamte Klangspirale entfaltet hat. In vielen seiner Symphonien und Choräle gibt es eine Konfrontation mit dem Bösen, wenn die klaren Trompetentöne des Lichts nämlich in die Dunkelheit hinabsteigen, um diese zu erhellen. Zahlreiche seiner Symphonien sind über eine Stunde lang und führen ihre Zuhörer gewaltigen Höhen entgegen.

Bruckners Scherzi sind oft von Naturwesenheiten durchdrungen, wie auch von volkstanzähnlichen Elementen. Diese stehen im Kontrast zu den mächtigeren Passagen. Seine Finale gipfeln in Frieden und Dramatik und heben uns immer höher empor; schließlich scheinen sie uns in der Gegenwart des Unendlichen mit seinen riesigen Heerscharen himmlischer Wesen zu belassen. Obwohl sie manchmal dunkel und finster wirkt, führt Bruckners Musik doch immer wieder hinaus ins Licht.

> Bruckner ist eines jener seltenen Genies, deren Schicksal es war, das Übernatürliche Wirklichkeit werden zu lassen, das Göttliche in die Zwangsjacke unserer menschlichen Welt zu zwingen.
>
> Wilhelm Furtwängler

Lauschen Sie einmal den Klängen der Harfen in Bruckners Symphonien, vor allem im Adagio der *Symphonie Nr. 8*. Diese Klänge sind wie das gleitende Rauschen nächtlicher Wasserfälle und stehen für die Engelswesen in unserem Leben.

Hauptwerke: Die neun Symphonien; Te Deum, Psalm 150; Motetten; Messen; Streichquartette

Claude Debussy (Löwe-Jungfrau – Feuer-Erde)

Debussys Musik ist die Musik des Wasserreichs, voller Einblicke in die Wasserwelten der Natur; sie enthält solche Wesen wie Sylphen, Najaden, Sirenen und Undinen, die aus der Tiefe emporsteigen.

Mir gefällt die exotische Qualität und das Gefühl von Ländlichkeit, die mir Debussys Werke vermitteln. Die Orchestrierung ist äußerst präzise; jedes Instrument ist wie eine Stimme, die zu den sehr sinnlichen Farben und Tönungen das ihrige beiträgt. Darüber hinaus besitzt diese Musik Heileigenschaften, die den Geist befreien und jede Starrheit aufbrechen.

Bei der Arbeit mit Patienten haben sich als am wirkungsvollsten erwiesen: *Clair de lune* (dieses Stück erweckt die Emotionen und die Träume); *La Mer* (vertreibt geistige Verspannung und lädt den Zuhörer mit frischer Energie auf); *,,Danses für Harfe und Streicher"* und *,,La Cathedrale engloutie"* (weckt Seelenerinnerungen an ferne Reiche, die aus dem Ozean emporsteigen, um schließlich wieder gänzlich zu versinken). *,,Images"* energetisiert den Zuhörer durch sein Farbenbad.

Hauptwerke: La Mer; Nocturnes; Images; Prélude a l'après-midi d'un faune; Danses für Harfe und Streicher; Rhapsodie für Klarinette; Clair de lune (aus Suite Bergamasque Nr. 3); ,,Pelléas and Mélisande"

Ralph Vaughan Williams (Waage – Luft)

Hier finden wir Natur-Musik, die Landschaften in der englischen Tradition malt und an die Naturgedichte von Wordsworth und Matthew Arnold erinnert. Es ist die Musik eines spiritualisierten Geistes und eines religiösen Herzens. Die Musik besitzt Gespür für die Bedingtheiten des menschlichen Lebens, weiß aber gleichzeitig um die tiefe Ordnung, die dahinter steht. Wenn ich Vaughan Williams' Werke höre, fühle ich, wie edel die Menschheit in ihrem tiefsten Inneren ist. Die Orchestrierung ist sehr kräftig und von robustem Charakter. Und doch finden wir dabei eine ruhige, gelassene Harmonie mit der Natur (z.B. in „Lark Ascending", Symphony No. 3 und eine bezaubernde Dramatik *(Symphony No. 7 — Antarctic,* die für das Kino geschrieben wurde). „Lark Ascending" ist besonders unter meinen Patienten und Freunden beliebt.

Hauptwerke: Lark Ascending; Symphonie Nr. 1, 3, 5, 8; Fantasie über ein Thema von Thomas Tallis; Greensleeves; A Pilgrim's Progress; Serenade to Music; In the Fen Country

Ich habe versucht, so viele große Komponisten aufzuführen, wie es der Umfang dieses Buchs gestattete. Zum Abschluß dieses Kapitels möchte ich noch einige Eindrücke schildern, die ich von anderen Komponisten und ihrem Werk habe; diese haben sich für mich als sehr interessant und hilfreich erwiesen.

Feuer – Komponisten

Diese Künstler komponieren in der Regel äußerst kraftvolle, elektrisierende Musik, die den Zuhörer stark energetisiert.

Modest Peter Mussorgsky. Seine Musik zieht die Schönheit aus dem Ungeschlachten und Häßlichen; Sie beschreibt den Kampf zwischen Gut und Böse, zwischen dem Makabren und dem Heiteren.
Eine Nacht auf dem kahlen Berge; Boris Godunow

Béla Bartók. Bartóks Musik wirkt oft fremdartig und unpersönlich; seltsame fremde Kräfte bewegen sich in ihr durch die Nacht. Bartóks Stücke verleihen mir ein Gefühl von einem glasklaren, metallischen Verstand und einem ebensolchen Herzen, die sich zu öffnen versuchen. Bartóks Schattenseite tritt in seiner Musik hervor, chaotisch und unerbittlich; und doch war er ein gütiger, stiller Mensch. Meiner Meinung nach ist Bartóks Werk ein wichtiges historisches Dokument der Musikgeschichte, aber es hat weder therapeutischen Wert, noch erneuert es seine Zuhörer seelisch.

Konzert für Orchester; Konzert für Viola; Musik für Saiteninstrumente, Schlagzeug und Celesta; Konzert für Klavier Nr. 3

Vincent D'Indy. Dieser Künstler komponiert Musik von großer Kraft und voller weiter, offener Räume und mächtiger Naturgewalten.

Les Poemes des Montagnes, Istar

Sergej Rachmaninoff. Diese Musik beschreibt den Konflikt und die Befreiung von Depression und Leid, die Synthese von Freud und Qual. Sie ist ultra-russisch in ihrer Melancholie und Gefühlstiefe (,,Wir sind glücklich, wenn wir traurig sind"). Sie besitzt bisweilen starke spirituelle Kraft und enthält viele schöne Melodien.

Die vier Klavierkonzerte; Die drei Symphonien

Franz von Suppé. Drama und Erhebung der Gefühle, verbunden mit sehr starken Energien, die Niedergeschlagenheit und Blockaden im Temperament zu vertreiben vermag.

Dichter und Bauer; Leichte Kavallerie; Boccaccio Ouvertüre

Hector Berlioz. Diese Musik ist von äußerst starker Dramatik, Intensität und Kraft.

Te Deum; Requiem; Symphonie fantastique; Harold in Italien; Fausts Verdammnis; L' Enfance du Christ; La Marseillaise

Manuel de Falla. Komponiert kräftige spanische Melodien und Rhythmen, die oft Negativität und Blockaden im Bereich des Mentalen und Emotionalen zu vertreiben vermögen.

Feuertanz (aus Liebeszauber); Der Dreispitz; Ein kurzes Leben; Nächte in spanischen Gärten; Der Liebeszauber

Jean Sibelius. Dies ist Musik der Natur-Devas: kräftig, fern und distanziert, manchmal nichtmenschlich, doch auf ihren Höhepunkten sehr schön, betörend, episch und inspirierend. Beachten Sie das Sturmgefühl in der *Karelia Ouvertüre* oder auch die tosenden Wälder der *Symphonien Nr. 1* und *4*. Ein großer Teil von Sibelius' Musik ist von der finnischen Mythologie inspiriert, besonders von dem finnischen Nationalepos *Kalevala*.

Finlandia op. 26; Die sieben Symphonien; Konzert für Violine; Schwan von Tuonela (aus Lemminkainen); En Saga; Oceansides; Tapiola; Der Sturm; The Bard; Karelia-Suite op. 11

Alexander Glasunow. Glasunow komponiert perlend-schillernde Natur-Musik *(Die Jahreszeiten)* und lyrische und doch sehr machtvolle russische Melodien *(Stenka Rasin; die Symphonien).*

Erde – Komponisten

Diese Musik ist weniger explosiv, oft wirkt sie beruhigend und sympathisch. (Scriabin bildet eine Ausnahme).

Jules Massenet. Komponierte mit viel tiefem Gefühl, das in eine kraftvolle Hingabe und in spirituelle Kontakte mündet, die oft schöne Landschaften beschwören.

Meditation (aus Thais); Manon; Alsatian Scenes; The Juggler of Notre Dame; Le dernier sommeil de la vierge

Arthur Sullivan. Eine Musik der Dramatik und der tiefen Gefühle wie auch der Verehrung. Seine Orchestrierungen besitzen Dynamik, Klarheit und Kraft.

Te Deum; Irish Symphony; Verschiedene Ouvertüren; Gilbert und Sullivan Opern

Alexander Scriabin. Diese Musik ist zugleich fremdartig, überweltlich und auf nichtmenschliche Weise gespenstisch schön. In seinem sehr aufschlußreichen Buch *Music: Its Secret Influence Throughout the Ages* schreibt Cyril Scott, das Scriabins Werke oft Deva-Musik seien, „ ... voller Ekstase und ... einer intensiven Schönheit, aber nicht von irdischer Art; seine Musik erreicht eine unaussprechliche Herrlichkeit ... die sich mit nichts vergleichen läßt, was wir auf Erden bisher gesehen oder erfahren haben. Es ist die Herrlichkeit mächtiger Wesenheiten, die blitzend Ihre unvorstellbaren Farben versprühen und die riesigen Weiten mit Ihrem Gesang erfüllen." Obwohl diese Musik sehr schön ist, konnte ich bisher dennoch keine therapeutischen Erfolge damit erzielen oder Stimmungen positiv beeinflussen.

Symphonien, Nr. 3, 4, und 5; Konzert für Klavier; Klaviersonaten

Edward MacDowell. Dieser amerikanische Komponist beschert uns eine Natur-Musik, die zugleich amerikanisch ist und in der europäischen Tradition des neunzehnten Jahrhunderts steht; dramatische Musik mit häufig sehr farbenfrohen Themen.

   Die beiden Klavierkonzerte; Celtic Sonata; Indian Suite; Woodland Sketches

Luft – Komponisten

Diese Musik ist oft recht wandelbar und bietet uns schnelle Wechsel, sowohl was Tempi als auch Stimmung und Atmosphäre betrifft.

Richard Strauß. Straußens Musik ist bewegend, doch nicht annähernd so tief und spirituell wie Wagners beste Stücke. Wohl enthält sie stark emotionale Komponenten, doch wirken diese auf sensible Temperamente oft nicht sehr förderlich (z.B. *Till Eulenspiegel*). Manche seiner Werke sind sehr erhebend *(Eine Alpensinfonie)* und sogar spirituell, wie *Tod und Verklärung.*

Charles Ives. Diese Musik ist oft recht dissonant, ist aber in ihren ruhigeren und heiteren Augenblicken auch sehr schön.

   Symphonien Nr. 2, 3, 4; The Pond; The Celestial Country

Leo Delibes. Diese Musik ist luftig, tänzelnd, sehr melodisch und löst emotionale wie geistige Verstopfungen auf, während sie gleichzeitig den Körper mit ihren Energien belebt.

   Coppélia ; Sylvia; Lakmé

Gustav Holst. Seine Musik verbindet Melodien und Wärme mit Fremdartigkeit.

   Die Planeten; Hymn of Jesus; St. Paul's Suite; Festival Te Deum

Wasser – Komponisten

Diese Musik wirkt sehr oft in erster Linie auf Gefühl und Herz.

Ottorino Respighi. Dieser Künstler komponiert kraftvoll melodische und dramatische Werke, die den Zuhörer mit einer bunten Flut prachtvoller Töne durchströmen. Ich erlebe Respighis Musik als belebend, inspirierend und bereichernd.

Antiche Danze ed Arie; Trittico Botticelliano; Gli Uccelli; Pini di Roma; Fontane di Roma; Feste Romane; Kirchenfenster

Maurice Ravel. Diese Musik löst das Schöne und das Häßliche oft in ihrer wässrigen Natur auf, stärker als in ihrer Menschlichkeit. Kantige Rhythmen und spitze Struktur bieten uns eine Verbindung aus Kraft und Gefühl, aus scharfem Verstand und Mysterium.

Daphnis et Chloë; Klavierkonzerte; Rhapsodie Espagnole; Pavane pour une Infante défunte; Introduktion und Allegro; Une Barque sur l' Océan (aus Miroirs Nr. 3)

Ich meine, daß Ravels *Bolero* ein äußerst schädliches Musikstück ist, das man meiden sollte. Seine eigenartigen Rhythmen und Dissonanzen, die während des ganzen Stücks immer wieder wiederholt werden, rauben manchen Menschen ihre Energie und können sehr verwirrend und anstrengend wirken.

Georges Bizet. Diese Musik weist eine verfeinerte und klare, schöne Melodik auf, die in der Regel sehr heilsam und vitalisierend wirkt.

Symphonie in C-Dur; Jeux d' enfants; Roma; Patrie Ouvertüre; L' Arlesienne Suiten; Carmen; Te Deum

Heitor Villa-Lobos. Eine sehr exotische, manchmal auch sehr tiefschürfende Musik, die an die Tiefen der südamerikanischen Wälder und Dschungel erinnert. Villa-Lobos' Musik ist lebendig, frei, manches Mal völlig undiszipliniert und doch an ihren besten Stellen sehr farbenfroh und ansprechend.

Origin of the Amazon River; Bachianas Brasileiras 1 bis 9; Choros; Forest of the Amazon; Konzert für Harfe; Konzert für Gitarre

Nikolai Rimsky-Korssakoff. Lauschen Sie einmal diesen bunten, schönen russischen Melodien, die in exotische Instrumentalklänge gekleidet sind — eine feuersprühende, perlende Musik, die oft die Stimmung hebt.

Symphonien Nr. 1, 2; Scheherazade; Der goldene Hahn; Die Sage von der unsichtbaren Stadt Kitesch; Dubinushka, Christmas Eve; Russische Ostern

Das wirkliche musikalische Genie schreibt zu keinem anderen Zweck, als um seiner eigenen Seele Ausdruck zu verleihen, und findet ebendarin die tiefste und größte Befriedigung und Freude seines Lebens.

Delius

10.
Die tieferen Mysterien
der Musik

In den Sphären wird ewiglich eine wunderbare Harmonie der Klänge erzeugt, und aus dieser Quelle entspringt die ganze Schöpfung.

Florence Crane

Für mich ist es ganz offensichtlich, daß jeder Ton eine bestimmte Farbentsprechung hat. Auf gleiche Weise verbinden sich die Schwingungen musikalischer Noten und Takte zu sinnvollen Mustern oder Gestalten, die man Archetypen nennt und die in einem über-physischen Feld der Gedanken und Gefühle beheimatet sind. Sowohl die Farben als auch die Gestalten der Musik lassen sich clairvoyant wahrnehmen. Darüber hinaus „spüren" manche Menschen die Farben musikalischer Werke, und die Fortschritte der Naturwissenschaft bieten uns inzwischen neue Möglichkeiten, die Farben der Musik vorzuführen. Der russische Komponist Alexander Scriabin hatte die Vision von einer Zeit, da eine kosmische Farborgel uns noch während des Spielens die Farben und Farbgestalten jeder Komposition aufzeigen würde.

Das Studium der Beziehung zwischen lebenden Farben und Klang wird von manchen Forschern als *Synästhesie* bezeichnet, obwohl dieser Begriff eigentlich eine Interaktion zwischen verschiedenen Sinnesorganen meint. Ich bin überzeugt davon, daß wir es noch miterleben werden, wie diese Wissenschaft weiterentwickelt wird. Sowohl Leopold Stokowski, der berühmte Maestro verschiedener Symphonieorchester, als auch Walt Disney interessierten sich für die Verbindung zwischen Farbe und Klang; gemeinsam produzierten sie den großen Filmklassiker *Fantasia,* der eine lebendige Verschmelzung von Farbe, Musik und Bewegung darstellt, eine dramatisierte Darstellung der durch Töne und Schwingungen freigesetzten Energien.

Da ich persönlich musikalische Farben und Formen noch nicht clairvoyant „sehen" sondern nur fühlen kann, bin ich Reverend Flower A. Newhouse, der spirituellen Lehrerin und christlichen Mystikerin, sehr zu Dank verpflichtet, daß sie mir von ihren Einsichten berichtet und mir ihre clairvoyante Wahrnehmung der Farben und Farbgestalten jener musikalischen Werke, die ich bei der Behandlung von Patienten oft als äußerst hilfreich empfunden habe, geschildert hat. Dankbar bin ich auch einem weiteren clairvoyanten Lehrer für die Schilderung seiner Einsichten, nämlich Geoffrey Hodson, der in seinem Buch *Music Forms* schreibt:

Jede gesungene oder angeschlagene Note erzeugt ... eine für sie typische Gestalt, und zwar auf eine über-physische Weise. Die Färbung dieser Formen oder Gestalten wird durch die Art und Weise bestimmt, wie der Ton erzeugt wird, während ihre Größe von der Länge des Tons abhängig ist ... Der Komponist erzeugt und stabilisiert diese Form teilweise durch das Spiel seines Bewußtseins während des Komponierens, teilweise aber auch durch seine eigene Darbietung des Stücks.

Die Musik steht niemals still. Jede Note, jeder Takt trägt dazu bei, eine sich ständig verändernde Reihe von Formen, Farben und Konsistenzen zu erschaffen, die das Stück als Ganzes dem Zuhörer und seiner ihn umgebenden Atmosphäre durch Schwingungen eingibt. Ein clairvoyanter Mensch kann nur die herausragendsten Farbspiele und -muster beschreiben, die ein Musikstück während des Spielens aufbaut. Der Komponist kann durch seine eigenen Gedankenformen und sein Bewußtsein während des Komponierens zusammen mit den Musikern, die das Stück interpretieren, die Essenz und die Harmonien der ursprünglich „gehörten" Musik vermitteln. Ebenso kann sich ein sensitiver Künstler oder Zuhörer in diese Musik hineinbegeben und einen mystischen Kontakt zum Geist und zur „Atmosphäre" des Komponisten herstellen. So verstehen wir auch, was Leonard Bernstein meinte, als er während des Dirigierens einer Mahler-Symphonie sagte: „Aber ich *BIN* doch Gustav Mahler!"

Je ehrfürchtiger und erwartungsfroher Sie eine Musik erleben können, um so mehr wird Sie Ihnen ihre geheimnisvolle Schönheit und ihr innerstes, verborgenes Wesen offenbaren, so daß Sie sie in einer ungeahnten Tiefe und Macht erfahren werden.

Ich möchte Ihnen nun eine kleine Liste musikalischer Werke präsentieren, die von F.A. Newhouse clairvoyant hinsichtlich Farb- und Formmuster beschrieben wurden. Gehen Sie offen an diese Beschreibungen heran und gestatten Sie der Musik, Sie danach zu umschmeicheln und Sie mit ihren eigenen, unverwechselbaren Farbkräften und archetypischen Mustern zu durchdringen.

Beethoven − Symphonie Nr. 5: Königliches Purpur, mit Safran durchwoben − seine Musik wogt dem Publikum entgegen und umarmt es wie mit hohem Wellenschlag.

Elgar – Pomp and Circumstance Märsche No. 1: Höhepunkte bieten die flammendroten und gelben Farbtöne; diese Farben kreisen für eine Weile wie Wellen umher, die einander überlagern. Dann erscheint im Mittelpunkt dieser Farbwogen ein Archetypus, der einem Leuchtturm oder einer Fackel gleicht. Nach und nach beginnt diese Figur dann eine Art flatternder weißer Fahne zu entrollen. Rev. Newhouse zufolge ist diese Musik ein Weihestück aus dem Reich der Engel.

Tschaikowsky – Andante (aus Schwanensee, 2. Akt, Tanz der Schwäne): Strahlen goldenen Lichts; Harfentöne erzeugen berstendes Licht, dessen Farben jenseits unseres Spektrums liegen.

Bach, J. S. − Ein feste Burg ist unser Gott: Gelbe Kraftwogen strömen hinaus in die Atmosphäre und bilden eine amboßähnliche Gestalt.

Liszt − Liebestraum: Diese Musik sieht aus wie Rauchwellen − eine weibliche Gestalt bewegt sich in Weiß in der Mitte; Purpur und etwas Rosé, während der tanzähnlichen Passagen auch Aquamarin.

Schubert − Ave Maria: In ihrem Buch *The Cosmic Harp* beschreibt die clairvoyante Lehrerin Corrine Heline die Farbe dieser Musik als „in erster Linie rosen- und lavendelgetönt − eine Synthese von Liebe und Leid."

Debussy — Clair de lune: Saffran und Rosa mit einer springbrunnen-ähnlichen Figur, die Kraft versprüht; außerdem eine Panflöte, die leuchtend-durchsichtige Blasen von sich gibt.

Herbert — Ah, Sweet Mystery of Life: Ein goldener Kelch strahlt goldene Strahlen ab; wenn man sich ihm mit erhobenen Armen nähert, beginnen rosenfarbene Ströme zu fließen.

Gounod — Sanctus (aus Cäcilienmesse): Rev. Newhouse hat das Gefühl, daß Gounod von den Devas abstammen könnte. Dieses Stück strahlt rosenrote Tönungen ab, die in einem Rosa zusammenschmelze; weitere wahrnehmbare Farben sind Blaurot und Weiß.

Goin' Home (Spiritual): Ein orangefarbener Hügel, der von einer männlichen Gestalt bestiegen wird; außerdem aprikosenfarbene Töne.

Stille Nacht: Rosa Schattierungen wie Kamelien; manche der Farbblätter sind von tiefdunklem Rosa, andere sind heller.

Sibelius — Finlandia: Eine Deva-Linie, die die Erde mit spirituellen Impulsen segnet. Die Musik bringt uns mystische Ströme aus Blaurot und Weiß, die durch die Erde sickern und unentwegt hellgrüne Strahlen abgeben. (Kein Wunder, daß dieses begeisternde Stück die Finnen zu patriotischem Widerstand gegen die russische Invasion aufstachelte!)

O Holy Night: Dies ist ein Ruf der Erzengel; das kristallene Licht der höheren Welt vermischt sich mit dem grünen Licht der Erde.

Mine Eyes Have Seen the Glory: Grün und Weiß, die wie Federzungen feuriger Kraft wirken; himmlische Chöre kommen herab, um uns zu segnen. Die Flammen verwandeln sich in einen Archetypus der amerikanischen Flagge. Nach Rev. Newhouse stellt dieses Stück die Taufe dar, die der Planetare Logos der Erde gewährt.

Grieg — Notturno (aus: Lyrische Stücke): Silberne und schimmernde, meergrüne Kraftwogen; ein Engel der Nacht segnet die vielen verschiedenen Lebewesen der Natur.

Klavierkonzert (2. Satz): Wellen von blauer Farbe, die mit Rosé versetzt sind, das wiederum burgunderrote Schattierungen aufweist; große Gedankenformen, riesigen Füllhörnern gleich, erscheinen mit fließenden, damenähnlichen Gestalten von verschiedenen leuchtenden Farben.

Ich liebe dich (Lied): Hier sieht man Gedankenformen von Herzen und betenden Händen vor einem rosa Hintergrund; berstende, golden blitzende Farben.

Rachmaninoff — Klavierkonzert Nr. 2 (Finale): Dieses triumphierende Thema offenbart Erdbewohner, die einen bunten Berg emporsteigen, strahlendem Licht entgegen.

Chopin — Nocturnes, op. 9, Nr. 2: Manche Noten erschaffen eine Musikform, die einem Pfirsich gleicht, der sich im Takt der Musik um sich selbst dreht; später im Stück erscheint blauer Nebel, der helle Gestalten verbirgt, die durch Schleier ins Freie hinaus tanzen und durch die Luft wirbeln.

Deep River (Spiritual): Tiefblaue Ströme fließen horizontal durch die Luft, in der Mitte des Stücks erscheint eine Stadt mit goldenen Kuppeln, die über den blauen Wellen leuchtet; die Stadt stellt eine Ansicht des Paradieses auf der inneren Ebene dar.

Malotte — The Lord's Prayer: Blautöne; langsam nimmt der Archetypus eines weißen Altars Gestalt an; dagegen gelehnt, zwei große, betende Hände; gegen Ende des Stücks ist nur noch eine Hand zu sehen — alle Blau- und Blaurottöne sind verschwunden.

Humperdinck — Abends, will ich schlafen gehn (aus Hänsel und Gretel): Große Lichtwogen, die eine aus der anderen unter Schäumen und Sprühen entstehen; schließlich tritt ein einzelner prachtvoller Lichtstrahl von unten aus dem Springbrunnen hervor und trägt die Gebete der Menschen zu Gott empor. Die Lichtsäule steigt immer weiter in die Höhe, während sich der Brunnen unten weitet und breiter und heller wird.

Franck — Panis Angelicus: Dies ist ein blaues Stück; blaue Wellen mit einem lilienähnlichen Archetypus strömen anfangs hinab, um schließlich nach oben zu fließen. Nach etwa drei Vierteln des Stücks erscheinen glockenförmige Tönungen. Blaue Töne lösen sich auf wie beim Sonnenuntergang und werden hellblau.

Solche Einsichten und Erkenntnisse über Farben und Formen großer Musik helfen mir persönlich dabei, die große Schönheit von Formen und Farben tiefer zu empfinden, die inspirierte Musik in die uns umgebende Atmosphäre einströmen läßt. Ich erwarte mit Freuden den Tag, da immer mehr Menschen fähig sein werden, in große Musik ,,hineinzusehen'', um auf diese Weise ihre Heilkräfte miteinander zu teilen. Ich bin Reverend Newhouse dankbar dafür, daß sie mir ihre Visionen geschildert hat.

11.
Die Musik der Zukunft

In der Erziehung der Zukunft wird die Musik für jedermann für ebenso wichtig gehalten werden, wie man es heute vom Lesen und Schreiben meint, denn man wird deutlich erkennen, daß Musik eine höchst wirkungsvolle Möglichkeit ist, Leben, Gesundheit und Kraft zu erlangen.

Prentice Mulford, *Thought Forces*

Ursprünglich war die Musik einmal ein Zeugnis der menschlichen Seele. Sie stellte einen integralen Bestandteil der Gemeinschaft dar. Man befolgte die Gesetze der Harmonie und gestattete nur der Musik, nicht aber dem „Lärm", in die Gesellschaft Eingang zu finden. So wie jeder Mensch seinen eigenen Stein zum Bau der großen Kathedrale beisteuerte, so trug auch jedermanns persönlicher „Ton" zu der sich entwickelnden Melodie der menschlichen Welt bei. Doch mit dem Aufkommen des Individualismus gingen immer mehr Egos ihre eigenen Wege, lebten für sich selbst allein und brachten dadurch das Chaos in die Welt. Jetzt, in den letzten Jahren des zwanzigsten Jahrhunderts, bewegen wir uns einer Synthese entgegen. Wenn sie überleben wollen, müssen Mann, Frau und Kind einander helfen. Wir müssen uns auf konstruktivere und liebevollere Weise zusammenfinden, und große Musik kann uns dabei helfen, diesen Weg einzuschlagen.

Heute erkennen wir erneut, welche Kraft schöner Musik innewohnt, um Persönlichkeit und Temperament zu integrieren, die Seele zu erwecken und uns an die übergeordneten Kräfte des Lichts anzuschließen, die uns umgeben. Es wird immer deutlicher, daß große Musik uns inspiriert, unsere Spannungen löst und unserem Leben Kraft verleiht. Es ist einfach eine Notwendigkeit, auch von schöner Musik gespeist zu werden.

Die allerbeste Musik wirkt transformierend: Sie setzt die Kreativität frei. Als ich einmal ein Seminar in kreativem Schreiben unterrichtete, spielte ich auch etwas Musik ab und erlebte, wie einer der Teilnehmer plötzlich einen Freudenschrei ausstieß, weil eine bestimmte musikalische Passage ihm endlich den ersehnten Schluß einer Kurzgeschichte „bescherte", nach dem er schon sieben Jahre lang gesucht hatte. Ich erinnere mich an eine Malerin, die zum vollen Klang des Chors von Haydns *Die Schöpfung* große, lichtumhüllte Engel malte. Und ich erinnere mich auch voller Dankbarkeit an den von Director Kay Ortmans in Well-Springs (in Ben Lomond, Kalifornien) geleiteten Workshop *Heilung durch Musik,* bei dem die therapeutischen Energien der Musik mit Bewegung, Malen mit Pastellfarben und Massage verbunden wurden.

Große Musik ist auch recht aufregend: Sie erhöht die Gefühls- und Wahrnehmungsintensität und vertieft die zwischenmenschlichen Beziehungen. Es ist auch aufregend zu beobachten, wie immer mehr Filmproduzenten und Regisseure klassische Musik einsetzen, um ihre Szenen und Soundtracks damit zu bereichern. Hier sollen ein paar Beispiele dafür folgen:

Somewhere in Time — Rachmaninoff
Fantasia — Bach, J. S.; Dukas; Ponchielli; Beethoven; Schubert; Mussorgsky; Tschaikowsky
Song of Norway — Grieg
2001 Odyssee im Weltraum — Strauß, J.; Ligeti; Strauß, R.
Uhrwerk Orange — Beethoven; Mahler
Turning Point — Tschaikowsky; Wieniawski; Prokofieff
Tod in Venedig — Mahler
Elvira Madigan — Mozart
Interlude — Albinoni
Kramer gegen Kramer — Purcell; Vivaldi
A Little Romance — Vivaldi
Requiem for a Heavyweight (Fernsehproduktion) — Sibelius
Apocalypse Now — Wagner
Excalibur — Wagner; Orff
Four Seasons — Vivaldi
Der Elephantenmensch — Barber
Barry Lyndon — Händel
So Fine — Wagner & Verdi
All the Marbles — Leoncavallo

160

Es fällt auf, daß es auch viele zeitgenössische Komponisten gibt, die einige ihrer besten Werke für den Film schrieben. Zu meinen Lieblingen gehören dabei: Lee Holdridge *(Other Side of the Mountain, Part 2; Forever Young, Forever Free; Die Möve Jonathan; Jesus and Lazarus)*; Maurice Jarre *(Ryan's Daughter; Shogun; Dr. Schiwago)*; Georges Delerue *(Promise at Dawn; King of Hearts; A Little Romance)*; John Barry *(Somewhere in Time; Born Free; The Dove)*; sowie Bernard Herrmann. Die Soundtracks dieser Filme enthalten viele schöne Melodien und strahlen auch heilende Energien aus. Mein allerliebstes Stück bleibt nach wie vor *Die Trapp-Familie* (The Sound of Music) von Rodgers und Hammerstein.

Heute stehen wir erst vor dem Beginn der Erkenntnis, welch unglaubliche Kraft großer Musik innewohnt und was sie für unser Leben bedeuten kann. Die Möglichkeiten, Musik als Heilmittel einzusetzen, sind gewaltig. Ich glaube, daß in den kommenden Jahren der sensible und kluge Einsatz von Musik sich als wichtiger Katalysator auf dem Weg zu größerer Gesundheit und Wohlbefinden erweisen wird — sei es im Heim, am Arbeitsplatz, in Krankenhäusern, Schulen, Geschäften und Geschäftsstraßen, oder in Strafvollzugsanstalten, bei der Geburtshilfe, beim Sprachstudium und in den bildenden Künsten.

In diesen letzten Jahrzehnten des zwanzigsten Jahrhunderts entdecken wir wieder, wie kraftvoll die Ströme schöner Musik unseren Körper und Geist durchfluten können. Wie eine ,,Heilsalbe'' können inspirierte Melodien und Klangschwingungen Krämpfe und Blockaden in unseren körperlichen, emotionalen und mentalen Schichten lösen. Und über diese Bereiche hinaus kitzelt die große Musik unsere Seele, so daß sich unser Herz den größeren, ewigen Horizonten des Lebens öffnet.

Ich glaube, daß die Musik eines Tages als die größte aller Künste anerkannt werden wird, denn sie enthält tatsächlich unbegrenzte Kräfte der Transformation für jeden. Die Musik ist in ständiger Bewegung, sie trägt uns über unsere eigenen Grenzen hinaus. Sie führt uns zu einer größeren Einheit mit unserer Arbeit, unseren Freunden und unserem Schöpfer. Die beste Musik schließt Herz und Geist auf und aktiviert einen Magnetismus, der dazu fähig ist, einzelne Gruppen und ganze Menschenmassen zusammenzuführen. Wahre Musik inspiriert die Menschen dazu, selbstloser zu leben, einander mit mehr Güte zu begegnen und Gott umfassender zu dienen.

Ich bin Musik

Ich bin Musik, die älteste der Künste. Ich bin mehr als nur uralt — ich bin ewig. Bevor das Leben auf dieser Erde begann, war ich schon da — in den Winden und Wellen. Als die ersten Bäume und Blumen und Gräser erschienen, war ich unter ihnen. Und als der Mensch kam, wurde ich sofort zum empfindlichsten, subtilsten und mächtigsten Medium für den Ausdruck menschlicher Gefühle.

Als die Menschen noch kaum besser waren als Tiere, beeinflußte ich sie zu ihrem eigenen Besten. Zu allen Zeiten habe ich die Menschen mit Hoffnung inspiriert, habe ihre Liebe entfacht, ihrer Freude eine Stimme verliehen, sie zu kühnen Taten ermutigt und sie in Zeiten der Verzweiflung getröstet. Ich spielte eine gewichtige Rolle im Stück des Lebens, dessen Ende und Ziel die gänzliche Vollkommenheit der menschlichen Natur ist. Durch meinen Einfluß wurde die Menschheit erhoben, besänftigt und verfeinert. Mit Hilfe des Menschen wurde ich zu einer der Schönen Künste. Ich habe Myriaden von Stimmen und Instrumenten. Ich weile in den Herzen aller Menschen und auf ihren Zungen, in allen Ländern, unter allen Völkern; die Unwissenden und des Lesens Unkundigen kennen mich ebenso, wie es die Reichen und Gebildeten tun. Denn ich spreche zu allen Menschen in einer Sprache, die alle verstehen. Sogar die Tauben können mich vernehmen, sofern sie nur der Stimme ihrer eigenen Seele lauschen. Ich bin die Nahrung der Liebe. Ich lehrte die Menschen Sanftmut und Liebe, und ich führte sie heldenhaften Taten entgegen. Ich tröste die Einsamen und harmonisiere das Chaos der Masse. Ich bin allen Menschen ein notwendiger Luxus. Ich bin MUSIK.

Anonym

Anhang

Die folgende Aufzählung einer Auswahl Musikstücke führt genauer die in den einzelnen Kapiteln genannten Werke auf. Ich habe die Bestellnummern angegeben und bei jedem Werk versucht, die Künstler/Dirigenten und die Art der Wiedergabe anzugeben, die ich am hilfreichsten fand.

1. Vorwiegend klassische Meisterwerke

Addinsell — Warschauer Konzerte (Mantovani—Dec 6.42294 AH)
Bewegendes Stück, romantisch, von den Tragödien und Verlusten des Krieges inspiriert; gut zur emotionalen Entspannung.

Albéniz, Isaac — Suite Española (Yepes—DG 2530159 IMS)
Malerische Musik aus Spanien; liebliche Melodien; weckt Gefühle und die Vorstellungskraft.

Anderson, Leroy — *Sleigh Ride; Bugler's Holiday; Typewriter; Syncopated Clock (Fennell-Mercury 75013)*
Aktiviert den Körper, Gefühle und Gedanken; klare Rhythmen und Melodien

Bacarisse — Concertino für Gitarre und Orchester (Yepes, Alonso — DG 2726055)
Mäßig langsam bewegt, ideal zur Kontemplation und Meditation

Bach, Johann Sebastian — Toccata und Fuge D-Moll (Stokowski —Dec 6.48177 DM)
Ein kosmisches Erlebnis; große Weite; kraftvoll und majestätisch; gut für klare und erhebende Gedanken.

—. Brandenburgische Konzerte (Casals—CBS 60251)

Außerordentlich erheiternd; wunderschöne Farben und Töne; bringt den Zuhörer zu größerer Konzentration, Klarheit und allgemeiner Lebensfreude.

—. Komm, du süße Todesstunde (Rilling—HV 98 684)
Schmeichelnd, umarmend und wunderbar, diese Musik voll Verständnis und bedingungsloser Liebe ist außerordentlich therapeutisch wirksam; sie verhilft zu Entspannung und Meditation.

—. Konzert für Violine (Szeryng, Marriner —Ph 9500 226)
Gut für geistige Konzentration und geistiges Gleichgewicht.

—. Konzert Nr. 9 u. Nr. 11 für 2 Cembali (Leonhardt/Müller—Tel 6.43 034 AQ)
Musik voll Wärme und Würde; inspirierend und zentralisierend

—. Jesus bleibet meine Freude (Marriner—EMI 037-30965)
Musik voll geistiger Frömmigkeit, öffnet das Herzzentrum und erweckt Sehnsüchte.

—. Die großen Vokalwerke (Harnoncourt—Tel. 6.35414 JY)
Wunderbare Sammlung von Bach's Musik, die eine Reihe von Empfindungen und inneren Widerhall weckt; dies ist Musik von allumfassender Freude und Mitleid, öffnet die Empfänglichkeit des Zuhörers für Gottes Größe.

—. Goldberg-Variationen (Kempff—DG 139 455 IMS)
Elegant und erfrischend.

Bantock, Sir Granville — *Hebridean Symphony (Heald, Smith-Gough and Davy GD 2002; available through International Records, Box 1140, Goleta, CA 93116)*
Veranlaßt Kreativität und geistige Erwiderung; liebliche Melodien und mannigfaltige Stimmungen.

Barber, Samuel — Adagio für Streicher (Wedin—DC Bis 180)
Ruhevoll und meditativ, gefühlsbetont; steigt bis zum Crescendo und kommt zur Ruhe.

—. *Second Essay for Orchestra; Scene from Shelley (Golschmann-Vanguard 2083)*
Dramatische Musik, ausgezeichnet für kreative Kunst und malende/imaginäre Arbeit; auch hilfreich zur emotionalen Entspannung und Katharsis.

Beethoven — Symphonie Nr. 5 (Furtwängler—DG 2740 260; Kleiber—DG 2530 516)
In manchen Teilen tief bewegend und in anderen nachdenklich; weckt Mut zum Kampf.

—. Symphonie Nr. 6, Pastorale (Furtwängler—EMI 027-100 807 -1 M; Klemperer-Int 120 923)

Die beiden ersten Sätze sind besonders gut für geistige Klarheit und Erhebung; freudig; stürmisch bewegt, gefolgt von der Hymne „O Herr, wir danken dir", ebenso wird man mit Ruhe belohnt.

—. Symphonie Nr. 9, Choral (Furtwängler—EMI 137-100 811-3; Klemperer—EMI 137-01370/71)

Musik, die die Schöpfung aus dem Nichts malt und in der herrlichen „Ode an die Freude" gipfelt, sie inspiriert zu umfassender Liebe und Verständnis unter den Nationen, der dritte Teil ist meditativ und ernst.

—. Konzert für Klavier Nr. 5 (Katchen/Gamba—Dec 6.42723 BA; Ashkenazy, Solti—Dec 6.41 502 AZ)

Spornt Mut und Freude an, ein energievolles und erhebendes Stück; der mittlere Teil ist ernst und engelhaft.

—. Konzert für Violine (Francescatti, Walter—CBS 61 001; Mutter, Karajan—DG 2531 250)

Ein ebenfalls therapeutisches Stück, seelenvolle Melodien stärken die Energie.

—. Fantasie in C-Moll für Klavier, Chor und Orchester, Chorfantasie (Gamba, Katchen—Dec 6.48 159 DM)

—. Streichquartett, Opus 131 (Bernstein—DG 2531 077)

Erhebend; majestätische und konzentrierte Orchesterharmonien; gut zum Nachdenken.

Berlioz — Harold in Italien (Davis, Imai—Ph 6747271)

Musik mit großer emotionaler Reichweite; teilweise friedvoll und melodisch.

—. Symphonie fantastique (Barenboim—DG 2531 092; Solti— Dec 6.41 482 AZ)

Malerische Musik; beschreibt den inneren Aufruhr eines verliebten Mannes, seine Ekstase und seinen Kampf um die Geliebte; der dritte Teil, „Scenes in the Country", ist besonders lieblich.

—. Te Deum (Davis—Ph 5839 790); Requiem (Munch/Schreier— DG 2726 050 IMS)

Kraftvolle, weihevolle Choralmusik mit vielen emotionalen Extremen.

Bizet — Symphonie in C-Dur (Martinon—RCA 26.41 389 AG; Marriner—Dec 6.41 723 AZ)

Elegant und rhythmisch anfeuernd: sowohl zum Energetisieren als auch zum Träumen geeignet.

—. Carmen, Querschnitt (Abbado—DG 2537 049); L' Arlésienne Suite (Markevitch—Ph 6527 083)

Aufmunternd und erhebend mit teilweise strengen Rhythmen.

Bloch — Schelomo (Rostropowitsch, Bernstein—EMI 065-02 841 Q)

Brütendes, gefühlsbetontes Stück; zum Teil prophetisch und kraftvoll: gut zum Nachdenken, stärkt das Verantwortungsgefühl.

—. Baal Shem (Peinemann, Bartz—PR 70108); *Abodah, God's Workship (Mordkovitch, Gerhardt—RCA RL-25370)*

Nachdenkliche, andächtige Musik.

—. *Sacred Service (Bernstein-Columbia MS—6221)*

Fröhlich und kraftvoll.

Boccherini — Quintette für Gitarre (Romero, Marriner—Ph 9500 789; 9500 985; 9500 621)

Wunderschöne, gefällige Melodien; gut zur Konzentration; erweckt Fröhlichkeit.

Bois-Vallêe — *Adagio Religioso (Bonneau—Philips 6511-001)*

Andächtig, still und beruhigend.

Borodin — Symphonie Nr. 2 (Tschupp—Col 0551)

Ausgesprochen russisch, drückt Gefühle von Macht, Geheimnis, Bewegung und Triumph aus.

—. Streichquartett Nr. 2, Nocturne (Slatkin—TIS T 10 080 AY)

Friedvoll, geeignet um Streß herabzusetzen, erzeugt Ruhe.

Brahms — Symphonie Nr. 1 (Furtwängler—DG 2535 162 IMS; Paita—TIS Lod 779 AZ)

Kräftig und erdverbunden, doch zart und warm; im Schlußsatz höchste Steigerung, Crescendo und Befreiung; gut zur emotionalen und geistigen Klärung.

—. Symphonie Nr. 2 (Monteux—Ph 6768 339; Bernstein—DG 410 082 1) Brahms' Natursymphonie

teilweise sehr dramatisch.

—. Konzert für Klavier Nr. 1 (Arrau, Haitink—Ph 6747432; Gilels, Jochum—DG 2530258 IMS)

Außerordentlich aufrührende Musik; am Ende besonders zu emotionaler Klarheit und zu erhebenden Gefühlen hinführend.

—. *Lullaby (Wiegenlied) (Robles, harp—Argo ZK 61)*

Ausgesprochen warmherziges Musikstück, einfach und heilsam.

Britten — Four Sea Interludes aus Peter Grimes (Marriner—EMI 067-143 628-1)

Klanggemälde vom Meer; an einigen Stellen aufwühlend, in anderen Passagen nachdenklich und brütend; aktiviert sowohl geistig als auch körperlich betonte Naturen.

Bruch — Konzert für Violine (Perlman, Previn—EMI 065-102 428-1; Chung, Kempe—Dec 6.41 483 AW); Schottische Fantasie (Perlman, Lopez—Cobos—EMI 063-02804 Q; Chung, Kempe—Dec 6.41 483 AW)
Melodisch und belebend, emotional erhebend.

—. Konzert für 2 Klaviere und Orchester (Twining, Borkofsky—EMI 063-02493)
Wirkt entspannend auf die Gefühle; prächtige Melodien.

Bruckner — Symphonie Nr. 3 (Szell—CBS 61 072)
Einbrüche von Licht.

—. Symphonie Nr. 4, Romantische (Jochum—DG 2740 363; Barenboim—DG 2530 336 IMS); Symphonie Nr. 8 (Barenboim—DG 2741 007; Böhm-2740 179 IMS); Symphonie Nr. 9 (Giulini—EMI 063-02 885 Q)
Musik voll Andacht und erweitertem Bewußtsein; die 8. Symphonie ist dem Erzengel Michael gewidmet und beschreibt den Sieg über das Böse durch die Kraft des Lichtes.

Butterworth — *A Shropshire Lad; The Banks of Green Willow: Two English Idylls (Marriner-Argo ZRG—860)*
Atmosphärische Musik, die idyllische Szenen malt; wirkt größtenteils beruhigend auf die Emotionen.

Byrd — Messe zu 4 Stimmen (Willcocks—Dec 6.42 238 AH); *Mass in Five Parts (Preston-Argo ZRG—858)*
Himmlische, andächtige Musik, erweckt Gefühle von großer Majestät und verbindet den Zuhörer mit einer aufwärtsstrebenden Lebensspirale.

Canning — *Fantasy on a Hymn of Justin Morgan (Stokowski-Everest SDBR—3070)*
Friedvoll; inspirierend, typisch amerikanisch.

Canteloube — Chants d' Auvergne (Kanawa—Dec 6.42 749 AZ)
Ein weites Feld von Musik, beinhaltet liebliche Gesänge, zarte Liebeslieder, idyllische Szenen aus dem ländlichen Frankreich; energetisiert; weckt Gefühle.

Carlstedt, Jan — *Symphony of Brotherhood (Westerberg—EMI 055-34424)*
In Erinnerung an Martin Luther King, Jr. komponiert; teilweise sehr ernst und würdig; beinhaltet Adel und Würde.

Celibidache — *Pocket Garden (Intercord 160.832)*
Inspiriert Fantasie und Kreativität.

Castelnuovo-Tedesco — Konzert für Gitarre (Williams, Ormandy—CBS 79 804)
In streng spanischer Manier, erhabene Melodien und gefällige Rhythmen; energetisierend.

Catalani — *Loreley: Dance of the Water Nymphs (Toscanini—RCA VIC—1263)*
Wunderbar bildhaft und brillant, weckt Vorstellungskraft und Bewegung.

Chabrier — Orchesterwerke: Espana, Fête Polonaise etc. (Froment—FSM 43 671)
Lichte Musik, die ins All schwebt; geeignet für Augenblicke voller Licht, teilweise energetisierend.

Chaminade, Cecile — Concertino für Flöte und Orchester (Galway, Dutoit—RCA RL 25 109 AW)
Gefällige Musik für Flöte; emotional anregend.

Charpentier, Marc-Antoine — Messe de minuit (Cohen—Tel 6.42 630 AW)
Ehrfurchtsvoll und inspirierend.

Chausson — *Symphony in B-flat; Festival Evening (Plasson-Seraphim S-60310)*
Dramatisch und nachdenklich; kann den Zuhörer aus der Melancholie reißen.

Chavez - Sinfonia India (Bernstein—CBS 61 059)
Exotisch, anregend, feierlich.

Chopin — Andante spianato u. Große Polonaise (Brendel-Met 140 228; Zimerman—DG 2530 826 IMS)
Spirituell erhebend, erzeugt tiefe Gefühle und Sehnsucht.

—. Konzert für Klavier Nr. 1 (Zimerman, Giulili—DG 2531 125)
Positive Energie fließt mit stark meditativer langsamer Bewegung; hebt die Stimmung.

—. Walzer (Lipatti—EMI 037-100 167-1 M)
Bewirkt wundervoll die Freigabe von Energie; aktiviert den Körper und den Geist.

Clementi — Sonaten für Klavier (Horowitz—RCA 26.41 045AG)
Gut für geistige Konzentration und Stabilität; belebend und konzentrierend; schafft Sinn für Ordnung.

Cooke, Arnold – Konzert für Klarinette und Streicher (King, Francis-Con Hy 66031)
Liebliche, ländliche Bilder; die Sanftheit schafft Konzentration und Wohlbefinden.

Copland – Appalachian Spring (Bernstein–DG 2532 083); Billy The Kid (Johanos–FSM 333 169); *Old American Songs (Warfield, Copland-Columbia MS–6497); Lincoln Portrait, Sandburg (Kostelanetz-Columbia CSP–91A02007); Quiet City (Copland-Columbia MS-7375)*
Einzigartige amerikanische Musik; viele schöne Melodien; ebenso dramatische, nachdenkliche und andächtige Teile; energieerwekkend; stärkt ebenso die Vorstellungskraft und erzeugt ein Gefühl von Wohlbefinden.

Corelli – Concerti grossi (Marriner–Dec 6.35 259 EX)
Stabilisierende Musik mit lieblichen Melodien und gefälliger Atmosphäre; für geistiges Gleichgewicht und Ordnung.

Debussy – La Cathédrale engloutie (Rubinstein–EMI 151-03 244/45 M)
Läßt Erinnerungen an eine andere Zeit aufsteigen, vielleicht an den verlorenen Kontinent Atlantis; Musik, die den Zuhörer anzieht, regt die kreative Vorstellungskraft an.

–. Clair de lune (Ormandy–CBS 71 005)
Nostalgisch, ruft träumerische Gefühle hervor.

–. La Mer (Munch–FSM 34 637; Boulez–CBS 75 533)
Wunderbar malerische, eindrucksvolle Szenen; ausgezeichnet zur emotionalen Entspannung; gibt Kraft und führt in Mysterien.

–. Nocturnes (Abbado–DG 2530 038 IMS; Barenboim–DG 2531 056)
Geheimnisvolle und beschwörende Teile; ,,Fêtes" ist ein besonders nachdrückliches Stück, das den Körper und die Gefühle aktiviert.

–. Prélude a l'aprés-midi d'un faune (Tilson Thomas–DG 2530 145 IMS; Boulez–CBS 75 533)
Umfassend und zugleich reflektiv; zu Zeiten emporsteigend in Höhen von Träumen und Liebreiz; zur Erleichterung von Schwere und Lethargie.

–. Danses für Harfe und Streicher (Ellis, Marriner–Con ASV 517)
Wiederum, Töne aus einer anderen Welt, mysteriös und verlockend; die Harfe eindringlich mit ihren exotischen Melodien.

Lalande, de — Symphonies pour les soupers du Roy (André, Paillard—RCA ZL 30 513 AW)

Anregend und festlich; Musik für Blechbläser und Orchester.

Délibes — Coppélia (Ansermet—Dec 6.35 146 DX); Sylvia (Bonynge—TIS SXL 6635/36 FA)

Wunderbar melodische, belebende Musik; gut für Bewegung und Energie.

Delius — *On Hearing the First Cuckoo in Spring (Beecham-Seraphim S.60185)*

Sehr beruhigende und konzentrierende Musik..

—. *Florida Suite (Beecham-Seraphim S.69212)*

Klanggemälde von der Schönheit der Florida-Küste im 19. Jahrhundert, die Nacht auf dem Fluß beschreibend und das Echo der Negerlieder, gemischt mit dem Duft der Orangenhaine; wunderbar zum Nachdenken und Träumen.

—. *Summer Night on the River; Song before Sunrise; La Calinda; In a Summer Garden (Barbirolli-Angel S-36588)*

Wunderschöne atmosphärische Musik, gut für die kreative Vorstellungskraft.

Dello Joio — *Triumph of Saint Joan Symphony (Columbia CSP AML-4615)*

Dramatisch, enthält machtvolle überwältigende Energien.

Dinicu, Heifetz — Hora staccato (Cambridge Buskers—DG 2535 684)

Erheiterndes und schwingendes Stück.

Dvořák — In der Natur; Karneval (Kertesz—TIS JB 113 AV); Böhmische Suite (Dorati—Dec 6.42 672 AZ)

Slawische Freude, schildert festliche Atmosphäre und ein tiefes Gefühl für die Natur; weckt die Energien.

—. Konzert für Violoncello H-Moll (Fournier, Szell—DG 2535 106; Rostropowitsch, Karajan—DG 2740 262)

Melodisch, edel und inspirierend; Hilfe für Gefühle.

—. Symphonie Nr. 8 (Giulini—DG 2531 046; Kubelik—DG 139 181 IMS)

Ein Naturgemälde in Melodie; erhebt den Geist, energisch und lyrisch.

—. Symphonie Nr. 9, Aus der Neuen Welt (Kertesz—TIS JB 118 AV; Szell—CBS 61 913)

Eine Beschreibung der zauberhaften und wunderschönen Visionen von einer neuen Welt; verbindet amerikanische und indianische Töne mit slawischer Atmosphäre und anregenden Melodien; erhebend.

—. Slawische Tänze (Szell—CBS 60263)
Bewegende Rhythmen und liebliche Farben erheben den Zuhörer.

Elgar — Enigma Variationen (Bernstein—DG 2532 067; Marriner— Ph 9500 424)
Verschiedenartige Musik; einige Teile energisch und liederhaft, andere eher ruhig; gut für das kreative Vorstellungsvermögen.

Enescu — Rumänische Rhapsodie (Dorati—Ph 6596 162)
Anregende Musik, sprühend in Melodie und rhythmischer Vitalität; gut zu Bewegung und physischer Anregung.

Eyck, van —Buffons, Der Fluyten Lust-hof (Harras—BM 1911)
Transparente Musik; ausgezeichnet zur Klärung und Entspannung von Streß; kann auch als Tischmusik gespielt werden.

Falla — Nächte in spanischen Gärten (Rubinstein, Jorda—RCA 26.41 088 AW; Haskil, Markevitch—Ph 6747 055)
Szenen voller Geheimnis und nächtliche geisterhafte Melodien; wunderbar zum Malen und zu schöpferischer Arbeit.

Fanshawe, David — *African Sanctus (Philips 6558001)*
Einzigartiges Musikstück, von großer exotischer Energie, spontane Lobgesänge, auch Geräusche aus der Natur sind darin zu finden, anregend; gut zur körperlichen Bewegung, Tanz und Singen.

Fauré — Requiem (Cluytens—EMI 037-00632)
Ehrfurchtsvoll, ausgezeichnet für die tiefe Andacht.

Finzi, Gerald — *Intimations of Immortality (Handley-Lyrita SRCS-75)*
Poetische musikalische Reise; vertieft Sehnsüchte

—. *Cello Concerto (Ma, Handley-Lyrita SRCS-112)*
Lyrisch und bewegend.

Foster — *Songs (Smith, Gregg Singers-Turnabout 34609)*
Erzeugt Freundlichkeit und Wärme; weckt Gefühle.

Franck, César — Les Béatitudes (Alain-Schw 4 504/05)
Musik voll Lobpreis, Liebe und Andacht.

—. Symphonie in D-Moll (Barenboim—DG 2530 707 IMS)
Musik voll tiefer Vergeistigung und geistiger Schönheit; gut geeignet zum einsamen Zuhören.

—. Panis angelicus (Pavarotti—Dec 6.42 132 AZ)
Engelhaft, außerordentlich andächtig; erhebend.

—. Psyche (Barenboim—DG 2530 771 IMS)
Musik voller Geheimnis und außerordentlicher Schönheit; gut zur Steigerung der Vorstellungskraft und poetischen Sensitivität.

Fučik — Märsche (Neumann-Tel 6.42 337 AZ)
Anregend und erhebend; stimuliert die Körperkräfte.

Gabrieli — Musik für Blechbläser und Orgel (EMI 037-45579)
Schwungvoll und anregend für Körper und Gefühle.

Gershwin — Konzert für Klavier in F-Dur; Rhapsody in Blue (Previn—EMI 063-02199; Entremont—CBS 78 214)
Jazzig und teilweise nicht sehr therapeutisch wirksam; aber in anderen Teilen liebliche Melodien, die die Gefühle anregen.

Gluck — Reigen seliger Geister (aus Orpheus und Eurydike) (Marriner—EMI 063-02 875 Q)
Mächtig und erhebend; Musik voll Freude und Frieden, die die Atmosphäre reinigt.

Gounod — Cäcilienmesse, besonders das Sanctus (Hartemann—EMI 063-11 076)
Musik voll frommer Inbrunst und Verlangen; in Teilen sehr machtvoll; gut zur Entspannung.

— Unhold Je Port als of Creation (Condie, Orm.-Col. MS-6367)
Kraftvoll; gut zur Entspannung und zu geistigem Streben.

Grieg — Konzert für Klavier in A-Moll (Lupu, Previn—Dec 6.41 724 AZ; Zimerman, Karajan—DG 2532 043)
Vielleicht das größte Klavierkonzert, das jemals komponiert wurde mit seiner Ausgeglichenheit und absoluten Schönheit; kraftvolle äußere Teile mit einem schweren langsamen Satz in der Mitte; eine absolute Erfahrung.

—. Aus Holbergs Zeit (Marriner—Dec 6.41 389 AZ)
Verschiedene Stimmungen; meistens lyrisch, erweckt tiefe Erinnerungen.

—. Peer Gynt (Beecham, Hollweg—MI 037-00 136)
Klangpalette mit vielen Farben und Melodien, die die skandinavische Landschaft und Volkslieder ins Gedächtnis rufen; auch Naturwesen.

Griffes — *Three poems of Fiona McLeod; Golden Peacock; Pleasure Dome of Kubla Khan (Ozawa-New World 273)*
Impressionistische und poetische Stücke; geheimnisvoll und exotisch.

Grigny — Orgelmesse (Lohmann—PV PR 3)
Ehrfurchtsvoll und auf eine private Weise anregend; erfordert es, „sich einzuhören".

Grofé — *Grand Canyon Suite (Cash, Kostelanetz-Columbia BT-13561; Ormandy-Columbia MS-6003)*
Malerische und beschwörende Musik; regt die Vorstellungskraft an; ebenfalls die Körperkräfte.

Händel — Konzert für Harfe Nr. 6 op. 4 (Zabaleta, Kuentz—DG 2535 643)
Elegant, konzentrierend; hübsch als Tischmusik.

—. Israel in Ägypten (Mackerras—DG 2708 020 IMS)
Liebliche choralartige Teile, die geistig inspirieren.

—. Der Messias (Hogwood—Dec 6.35 503 FK; Davis—Ph 6747 447)
Musik voll tiefer Anbetung und Lobpreisung Christi; Händel glaubte, daß die Musik „ihm gegeben wurde" und er ließ sich für keine einzige Aufführung bezahlen; führt den Zuhörer geistig zu Christus und den Engeln.

—. Wassermusik (Beinum-Met 140 131; Harnoncourt-Tel 6.42368 AG)
Funkelnde Melodien und Rhythmen; gut zur Klärung und für künstlerische Aktivität.

—. Let The Bright Seraphim, aus Samson (Popp RCA 40.23 147 AW)
Freudiges, lobpreisendes Lied; sehr energetisierend.

Haydn, Joseph — Konzerte für Klavier (Alpenheim—FSM 93 0 06) Konzert für Trompete (Stringer, Marriner—Dec 6.42 721 BA); Die Schöpfung (Marriner—Ph 6769 047); Messen (verschiedene Aufnahmen); Sinfonien (Dorati—Dec 6.35 241 FK)
Musik, die Brillanz und Lebenslust ausströmt; ausgezeichnete Musik zur Erhebung; gut zur geistigen Konzentration und Klarheit.

Heenan — *A Maori Suite (Heenan-Kiwi SLC-72)*
Ein exotisches Stück
Ein exotisches Stück, das Liebe, Andacht, Tatkraft und Sehnsucht ausdrückt.

Herbert, Victor — *Ah, Sweet Mystery of Life (Sills, Kostelanetz-Angel SFO-37160)*
Denn es ist Liebe und Liebe allein, wonach die Welt sucht / Und nur Liebe und Liebe allein kann sie vergelten! / Dies ist die Antwort, dies ist das Ende und alles im Leben. / Denn Liebe ist es allein, die in Ewigkeit herrscht.

—. *American Fantasia (Kunzel-Turnabout TV-34714)*

Hill, Alfred — *Symphony, The Joy of Life (Australian Festival of Music, vol. 1, SFC-80018)*

Musik, die den Zuhörer zu tieferen Gefühlen von Andacht und Kraft führt.

Hindemith — Mathis der Maler, Symphonie (Hindemith—DG 2535 820 IMS; Steinberg—DG 2530 246 IMS)

Weckt Ehrfurcht und Vorstellungskraft.

Holst — *Jupiter, from The Planets (Boult-Angel S-36420);* Die Planeten (Bernstein—CBS 61932)

„Jupiter" ist sehr erfrischend; die anderen Sätze geben verschiedene Stimmungen wieder.

Honegger — Pastorale D'Été (Baudo-Ar XII 87 604 K)

Ein ruhiges, lyrisches Stück, das eine Zeit und eine Szene aus der Natur schildert.

Hovhaness, Alan — *Mysterious Mountain (Reiner—RCA AGL1-4215)*

Eine wundervoll meditative Erfahrung; führt den Zuhörer in private Welten von Melodik und tönender Landschaft; gut zur tiefen Meditation.

—. *Magnificat (Whitney-Poseidon 1018)*

Erzeugt Freude und Begeisterung in der Göttlichen Gegenwart; eine Synthese zwischen Ost und West in Stil und beschreibendem Inhalt.

—. *Talin (Sobol, Flagello-Peters PLE-071)*

Ein Stück für Klarinette und Streicher, in den meisten Teilen beschaulich; wirkt beruhigend auf die Emotionen.

—. *And God Created Great Whales (Kostelanetz-Columbia M-30390)*

Verbindet aktuelle Walfischlieder mit einem schimmernden orchestralen Hintergrund; gut für die Vorstellungskraft.

Hummel — Konzert für Mandoline (Bauer-Slais, Hladhy—FSM 73 0 06)

Besänftigend und gut zur Konzentration.

D'Indy — Les Poèmes des Montagnes (Muller—DC Gal 30 199)

Eindrucksvolles Klangbild von Alpenszenen, teilweise kraftvoll, dann wieder nachdenklich; inspiriert die Kreativität und befreit aus Lethargie.

Ireland, John — *The Holy Boy (Dilkes—EMI ESD-7101)*

Ehrfurchtsvoll und beruhigend.

Jánaček — Sinfonietta (Kubelik—DG 2530 075 IMS; Szell—CBS 61 980)

Eherne, feierliche Musik; Aktiviert Körper und Gefühle.
—. Glagolitische Messe (Kubelik–DG 138 954 IMS)
Musik voll Lobpreis, Bewegung und Majestät; gut um Ärger aufzu-
lösen. Der Komponist beschreibt sie folgendermaßen:
Der ständige Duft der Wälder — das war Weihrauch.
Ich fühlte, wie eine Kathedrale aus den riesigen Weiten
der Wälder wuchs und der Himmel sich in nebelhafte Ferne
erstreckte.

Eine Herde weißer Schafe läutete die Glocken. Nun höre
ich die Stimme eines jeden Erzpriesters im Tenorsolo,
einen weiblichen Engel im Sopran und im Chor unser Volk.

Die großen Tannen, deren Spitzen bis zu den Sternen
reichen, sind die Kerzen und während der Zeremonie sehe
ich die Vision des Heiligen Wenzel und ich höre die Stimmen der Missionare, Cyril und Methodius.

Jongen — Sinfonia concertante avec orgue (Defossez/Schoon-
broodt-Schw 80 016)
Ein wirkliches Drama für Orgel und Orchester; in manchen Teilen
sehr bewegt, in anderen meditativ und nachdenklich; stimuliert den
ganzen Menschen; geistig erhebend.
Joplin — *Piano Music (Rifkin-Nonesuch 73026)*
Anregende Rhythmen; aktiviert den Körper.
Josten — *Sacred Concerto I-II (Stokowski–CRI S-200)*
Außerordentliches Stück; bemerkenswert durch seine Farbigkeit
und exotische Rhythmen; Neugierde weckend.
Kabalevsky — Die Komödianten (Ormandy–CBS 71 004)
Emporhebend, energetisierend und wohltuend.
Ketelbey — In einem Klostergarten; Glocken über der Prärie
(Faris–Ph 6514 152)
Einfache, ansprechende Musik mit gefälligen Melodien; weckt no-
stalgische Gefühle.
Khachaturian — Säbeltanz aus Gayaneh (Dorati–Ph 6768 292)
Aufregend und spannungsvoll, belebt den Körper; gut für schnelle
Bewegungen und zum Tanz.

Kodály — Háry János Suite (Ormandy—CBS 60 270)
Exotische Klänge des Beckens mit orchestralen Farben gemischt;
regt die Vorstellungskraft an.

Korngold — *Violanta, Prelude and Carnival (Horenstein-Quintessence PMC-7047)*
Überschwengliche, belebende Musik; kräftige Melodien.

—. Konzert für Violine (Perlman, Previn—EMI 067-03 976 T)
Äußerst melodisch und romantisch; gut für die Gefühle.

—. *Garden Scene (Sakonov-London SPC-21089)*
Warmherzige und melodische Liebesserenade.

Kreisler — Musik für Violine (Perlmann—EMI 063-02 739; Ferras—
DG 2535 612)
Charmante Melodien, die Wärme und Freundlichkeit erzeugen; gut
zur Vertraulichkeit und sich entwickelnde Freundschaft.

Krumpholtz — Sonate F-Dur für Flöte und Harfe (Rampal-RCA
ZL 30 678 AW)
Außerordentlich erfrischend; sehr für Kinder geeignet.

Lalo — Symphonie Espagnole (Chung, Dutoit—Dec 6.42 677 AZ)
Musik voller dramatischer lyrischer Wärme; guter emotionaler und
geistiger Anreiz.

Larsson — Suite pastorale (Wedin—DC Bis 165)
Naturbezogene Melodien zeichnen ein Klanggemälde vom ländlichen
Leben in Skandinavien; entzündet die Vorstellungskraft.

Lekeu — *Violin Sonata (Philips 6500814)*
Ausgezeichnet zur emotionalen und geistigen Entspannung.

—. Adagio für Streicher (Jordan—RCA ZL 30 906 DX)
Sehr beruhigend.

Liadow — *Enchanted Lake (Szell-Epic BC 1272)*
Geheimnisvoll und bezaubernd; fördert innere Ruhe.

Lilburn, Douglas — Symphonie Nr. 2 (Heenan—Con J 8203);
Aerotea Ouvertüre (Hopkins—Con J 8203)
Herrliche Musik, majestätisch, erhaben und stark dramatisch; beschreibt die Natur in ihrer ehemaligen Schönheit und hervorbrechenden Kraft und Größe; eine Verherrlichung der Berge und Wälder Neuseelands. Die Ouvertüre ist feierlich, erzeugt Mut und Vorstellungskraft / Phantasie.

Liszt — Die Hunnenschlacht (Haitink—Ph 6768 305)
Dramatisch, mächtige Becken und Orgel; gut zur Entspannung.

—. Transkriptionen für Orgel (Szathmary—RCR RL 11 970 AW)

Meditativ und nachdenklich; gut zur Kontemplation und geistigen Konzentration.

—. *Bells of Strassburg (Ferencsik-Hungaroton SLPX-11797)*
Dramatische und ehrfurchtsvolle Musik, die die Überwindung des Bösen mit der Kraft des Lichtes beschreibt: der Himmelschor mischt sich mit den Glocken der Kathedrale; zur Ermutigung.

—. Christus (Panzer—Met 180 075)
Vielleicht Liszt's größtes Werk; ein gewaltiges musikalisches Epos des Lebens Christi von der Geburt bis zur Auferstehung.

—. Ungarische Rhapsodien (Dorati—Ph 6527 202)
Wunderschöne farbige und melodische Tanzmusik; wunderbar geeignet um Körper und Gefühle zu beleben; gut, um Lethargie zu mildern.

—. Les Préludes (Fricsay—DG 136 226)
Dramatisches Klanggedicht, zeitweise stark energisch mit großen Steigerungen; wunderschöne Melodien; romantische Teile.

MacDowell — To a Wild Rose aus Woodland Sketches (Cliburn—RCA RL 43 449 AW)
Sehr gefällig; ein Stück zur Romantik und Träumerei.

— *Suite Nr. 2, Indian (Hanson-Mercury 75026)*
Malerisch und dramatisch, regt an.

Mahler — Symphonie Nr. 1, Der Titan (Walter CBS 61 116)
Wunderbar poetisch und dramatisch; gut zur emotionalen Entspannung.

—. Symphonie Nr. 2, Auferstehung (Kubelik—DG 2726 062)
Ein episches Werk; die kolossale Darstellung eines geistig Suchenden, gipfelnd in einem Drama himmlischer Chöre; ein Erlebnis der Verehrung; gut zur geistigen Inspiration.

—. Symphonie Nr. 3 (Kubelik—DG 2726 063)
Edles und inspirierendes Werk, das die Reise des Komponisten und die Wechselwirkung mit der Natur beschreibt; bemerkenswert der letzte Satz, der besonders zu tiefer Mediatión geeignet ist.

—. Symphonie Nr. 9 (Kubelik—DG 2726 067)
Darstellung des ganzen Lebens; friedvoller letzter Satz.

Marcello — Sonaten für Blockflöte (Conrad BM 19-8)
Transparente Musik, die die Atmosphäre und Emotionen reinigt, während sie den Geist erhebt.

Martini — Plaisir d'amour (Carste—DG 237 135)
Wunderschönes Lied, das Liebe weckt.

Martinu – Symphonie Nr. 6, Sinfonische Fantasien (Nohejl–DC Pan 81 100 028)

Eine äußerst dramatische Symphonie mit vielen kurzen, entzückend melodischen Momenten; schildert mögliche Auflösung und Ergebung; gut zur bildhaften Vorstellung.

Massenet – Le dernier sommeil de la vierge, aus: La Vierge (Agoult–Dec 6.42 710 BA)

Friedvoll und entspannend.

–. Meditation aus Thais (Karajan–DG 139 031)

Geradlinig; gut zur Meditation und wunderbar zum Zuhören.

McKuen, Rod – *Concerto for Balloon (Stanyan-SR-9023)*

Ein Meisterwerk auf dem 20. Jahrhundert: Dramatische Teile wechseln ab mit meditativen und fließenden; das Finale, das Synthesizer und Orgel vereint, ist prachtvoll; wundervoll zur Anregung der Phantasie und tiefem Nachdenken; läßt freudige Gefühle entstehen.

Mendelssohn – Konzert für Violine (Chung, Dutoit–Dec 6.42 736 AZ)

Warm und sanft, beruhigend und sammelnd.

–. Elias (Frühbeck de Burgos–EMI 149-00 107/09)

Inspirierendes, geistiges Werk, besonders in seinen Chorpartien.

–. Symphonie Nr. 4, Italienische (Marriner–Dec 6.42 835 AW)

Erfrischend, licht und klar.

Moeran – *Symphony (Dilkes-EMI-ASD-2913)*

Leidenschaftlich und schön.

Monteverdi – Vesperae della Beatae Mariae Viriginis, 1610 (Schneidt–DG 2723 043 IMS)

Ausgezeichnet, um Ehrfurcht zu erwecken und den Geist zu öffnen; meditativ und heilend.

Moreno Torroba – Concierto Iberico für 4 Gitarren und Orchester (Los Romeros, Marriner–Ph 9500 749)

Erfrischend, klar und belebend.

Mozart – Konzerte für Flöte (Rampal, Gischlbauer–RCA ZL 30 521 DX)

Beide wunderschön und erfrischend.

–. Konzerte für Horn (Tuckwell, Marriner–EMI 063-02225)

Energetisierend, freudig, klärend.

–. Ave verum corpus (Davis–Ph 6500271)

Wunderschön und andächtig; bringt Frieden.

–. Die Zauberflöte (Böhm–Dec 6.35 101 EK)

Basiert auf den Lehren der Freimaurer; tief esoterische und sehr inspirierende Beschreibung der geistigen Suche des Menschen.

—. Eine kleine Nachtmusik aus Serenaden Nr. 13 in G-Dur (Walter—CBS 61 280)
Prächtig, charmant, erfrischt den Geist.

—. Konzerte für Klavier (verschiedene Aufnahmen)
Alle wunderbar, einige sehr nachdenklich und inspirierend.

—. *Koto Mozart (Angel S-37553)*
Etwas ganz anderes: eine Mischung aus orientalischen Klängen und westlichen Melodien; sehr klärend.

—. Symphonie Nr. 41, Jupiter (Szell— CBS 61 909)
Kraftvoll, freudig, überschwenglich.

—. Posthornserenade aus Serenaden Nr. 9 (Böhm—DG 2530 082)
Bewegend; scharf und klärend.

Mundy — *The Voice of the Heavenly Father (Classics for Pleasure CFP-40339)*
Inspirierend und klar.

Mussorgsky — Eine Nacht auf dem kahlen Berge (Dorati-Met 140 170)
Malerisch und Neugierde weckend; erforscht das Makabre, das der Transformation entgegensteht und endet friedlich.

—. Das große Tor von Kiew aus Bilder einer Ausstellung (Karajan—DG 2535 664)
Triumphgefühle werden erweckt und ein Gefühl von Stärke bleibt zurück, ein großes Thema, viel Dramatik.

Novák — *About the Eternal Longing (Sejna-Con Su 50 747)*
Erhebend.

Orff — Carmina Burana (Eichhorn-Ar M 86 827 K)
Musik mit zwingender Dramatik und Farbigkeit; Wiederholungen und Montagen von Klängen mit strengen Rhythmen; gut zur Befreiung und Klärung.

Pachelbel — Kanon in D (Paillard—RCA ZL 30 799 EF)
Edle, sanfte Musik; ausgezeichnet, um die Nerven zu beruhigen und zur geistigen Hingebung.

Palestrina — Missa Papae Marcelli (Willcocks-EMI 063-02113)
Ernst, feierlich, wunderbar; gut zur intensiven Meditation.

Parry, Charles Hubert Hastings — *Symphony No. 5 (Boult-EMI-ASD 3725); Jerusalem (Polygram 6335); Blest Pair of Sirens (Boult-Vanguard 71225);* I Was Glad (Wills-Con Hy 66 012)
Prächtige, außerordentliche Musik.

Piston — *The Incredible Flutist (Hanson-Mercury 75050)*
Farbig und dramatisch; erzeugt Fröhlichkeit.

Ponchielli — Tanz der Stunden aus La Gioconda (Mackerras-EMI 037-130 953-1)
Stimulierend, schnelle Rhythmen; beschleunigt den Pulsschlag.

Poulenc — Konzert für Orgel, Streicher und Pauken (Durufle, Pretre-Schw 2 549)
Kraftvoll und dramatisch, bringt starke Energie und die Möglichkeit, Ärger abzubauen; reinigend.

Prokofieff — Alexander Newski (Abbado—DG 2531 202 IMS)
Heroische Musik, gemischt mit einigen Tragik- und Kampfesszenen; die Energie bindend.

—. Symphonie Nr. 7 (Marriner—Ph 9500 903)
Hier gibt es einige wunderschöne Melodien, etwas Traurigkeit und einige nostalgische Momente; ich liebe die Schönheit dieser Themen und das aufregende Finale.

Purcell — Hymnen (Preston—DG 2723 076)
Majestätische, fromme Musik; bestärkt den Glauben und die geistige Hingabe.

Puccini — Querschnitte (verschiedene Aufnahmen)
Romantisch und dramatisch.

Rachmaninoff — Konzert für Klavier Nr. 2 (Ashkenazy, Kondraschin—Dec 6.48 178)
Dramatische Musik, baut im Finale einen freudigen Sieg auf, der Rachmaninoff half, seine eigene Depression zu lindern.

—. Konzert für Klavier Nr. 3 (Horowitz, Ormandy—RCA RL12 633 AW)
Höchst anspruchsvoll, von unglaublicher Freude.

—. Symphonie Nr. 2 (Ashkenazy-TIS SXDL 7563 AZ; Previn-RCA 26.48 006 DX)
Umfangreiches russisches Gemälde voll Dramatik, Farbe und Melodie; das Adagio ist außerordentlich therapeutisch wirksam und umfassend.

—. Rhapsodie nach einem Thema von Paganini (Ashkenazy, Previn—Dec 6.35 149 FK)
Viele Momente voller Kraft und rhythmischer Vitalität; die 18. Variation ist besonders ansprechend; erweckt Liebe.

Rautavaara — *Cantus Articus (Finlandia FA 328)*
Ein nach innen gewendetes, meditatives Stück, vereint Vogelrufe

mit orchestralen Farben; gut für die Phantasie und Kreativität.

Ravel – Konzert für Klavier für die linke Hand (Roge, Dutoit-TIS SXDL 7592 AZ)

Flott und teilweise sehr streng; ein totales emotionales Experiment, viele Gefühle hervorrufend.

Respighi – Pini di Roma; Fontane die Roma (Dutoit-TIS SXDL 7591 AZ)

Herrlich farbige und vielfältige Klänge; der Nachtigallensatz ist besonders beschwörend und beruhigend.

–. Antiche Danze ed Arie per Liuto (Marriner–EMI 065-82 080 Q)

Durch und durch freudige Musik, erfüllt mit Charme und verschiedenen Tempi; die therapeutische Qualität kommt durch ihre Anmut und Vitalität.

Rheinberger – Konzerte für Orgel (Geffert-MXT Mi 16 166)

Dramatisch und kraftvoll; sehr energetisierende Musik.

Rimsky-Korssakoff – Scheherazade (Previn–Ph 6514 231)

Märchenerzählend; schwingt sich auf mit Melodik und kraftvoller Dramatik; gut für bildnerische Kreativität.

Rodrigo – Concierto de Aranjuez (Romero, Marriner-Ph 9500 563); Fantasia para un gentilhombre (Bitetti, Asensio-FSM 34 636)

Schwungvolle spanische Rhythmen und Klänge; der Mittelsatz von „Aranjuez" ist besonders lieblich und beruhigend.

Rossini – Ouvertüren aus Wilhelm Tell *und* Die seidene Leiter (Abbado-RCA RL 31 428 EF)

Ermunternd, belebend; gut, um Spannungen und Ärger abzubauen.

Saint-Saëns – Symphonie Nr. 3, Orgelsymphonie (Biggs, Ormandy–CBS 61 035)

Elektrisierendes Stück; zeitweise sehr ruhig und nachdenklich, doch in ein großes Finale gipfelnd, erinnert an eine Kathedrale, die Stein für Stein in die Himmel wächst.

Schmidt, Franz – Zwischenspiel aus Notre Dame (Karajan–DG 139 031)

Aufsteigender Glanz; große, umfassende Musik voll Ehrfurcht und freudiger Lobpreisung.

Schubert – Rosamunde, eine Auswahl (Böhm–DG 2530 422)

Ernst, freudig, sammelnd.

–. Symphonien (verschiedene Aufnahmen)

Alle heiter und, lyrisch; „Die Unvollendete" etwas düsterer; gut zur Konzentration.

Schumann – Konzert für Klavier A-Moll (Argerich, Rostropowitsch–DG 2531 042); Symphonie Nr. 1, 2 (Barenboim-DG 2530 939 IMS); Träumerei aus Kinderszenen Nr. 7 (Ormandy–CBS 71 030)

Meist dramatisch und sehr inspirierend; wunderbar lyrisch.

Sheriff *–Essay for Harp and Strings (Mitchell-Argo ZK 92)*

Erfrischend.

Sibelius – Finlandia (Ph 9500 140); Karelia (Davis–Ph 9500 893); Symphonie Nr. 1, 2 (Davis-Philips 9500 140; CBS 37 801;) Nr. 4, 6, 7 (Karajan–DG 2535 359; DG 2740 255;)

Vom größten Meister unter den Malern von Naturmusik, zwingende und brausende Melodien; man braucht konzentriertes Nachdenken und Versinken, um in den Stücken aufzugehen.

Sinding – Symphonie Nr. 2 (Ingebretsen–MXT NFK 30 025)

Wundervolle skandinavische Tonfarben; umfassend.

Smetana – Mein Vaterland (Kubelik–DG 2707 054 IMS)

Epische Klangfarben aus dem alten Böhmen; große Vielfalt von Emotionen; ein weites Feld von musikalischer Erfahrung; kraftvoll.

Sowande, Fela – *African Suite (Freeman-Columbia M-33433)*

Gefällig und melodisch, besonders das Wiegenlied.

Sousa – *Marches (Hunsberger-Philips 9500 151)*

Wirkt energetisierend auf den Körper; ermuntert zu Bewegung.

Strauss, Johann – Die Fledermaus Ouvertüre (Boskovsky–Dec 6.35 248 EK); Walzer (Boskovsky–EMI 067-143 280-1 T)

Gefällige Melodien, erzeugen inneren Auftrieb und Freude; gut zu Bewegung und Tanz.

Strauss, Richard – Aus Italien (Kempe–EMI 137-53 260/69); Also sprach Zarathustra (Reiner–RCA 26.41 179 AG); Couperin-Tanzsuite (Kempe–Emi 137-53 260/69); Don Juan (Böhm–DG 2740 363); Tod und Verklärung (Kempe–EMI 137-53 260/69)

Höchst verschiedenartige Musik; manches wirklich dramatisch (z.B. Sonnenaufgang aus *Also sprach Zarathustra*) und die ätherische Schönheit des Finales aus „Tod und Verklärung", welches engelhafte Melodien bringt.

Strawinsky – Feuervogel (Strwinsky–CBS 79 243)

Exotische, stimulierende kraftvoll befreiende Musik.

Sullivan – *Irish Symphony (Groves–EMI–ASD-2435)*

Wunderschön und erheiternd.

Sumac – *Chants of the Incans (Capitol SM-684)*
Exotisch und spukhaft.

Suppé – Dichter und Bauer Ouvertüre; Leichte Kavallerie Ouvertüre (Karajan–DG 2535 629)
Sehr anregend; gut, um Lethargie oder Niedergeschlagenheit zu mildern.

Tallis – Spem in alium (Ericson–EMI 165-30 796/99)
Himmlisch; erbauende, andächtige Musik.

Telemann – Tafelmusik (Wenzinger–DG 2723 074)
Lebendig und anregend.

Thompson, Randall –*Suite for Oboe, Clarinet and Viola (Crystal S-321)*
Beruhigend und stärkend.

Thomson, Virgil – *The River (Stokowski-Vanguard 2095)*
Amerikanisch – auf sehr schöne Art: wundervolle, dramatische Musik, regt die Vorstellungskraft an.

Tschaikowsky – Capriccio Italien (Barenboim–DG 2532022); Konzerte für Klavier Nr. 1, 2 (Graffmann–CBS 61 174; Graffman, Ormandy–CBS 61 821); Symphonie Nr. 1, Winterträume (Thomas–DG 2530 078 IMS); Symphonie Nr. 5 (Ozawa–DG 2530 888 IMS); Ouvertüre 1812 (Ormandy–RCA 26.41 132 AW); Romeo und Julia (Abbado–DG 2530 137 IMS); Schwanensee (Rowicki–DG 2535 653)
Eine Mischung aus kriegerischen Rhythmen, farbigen Melodien, und großen emotionalen Schwingungen; manches in dieser Musik ist wahnsinnig, andere Teile ruhig und nachdenklich.

Vaughan Williams – Fantasie über ein Thema von Thomas Tallis (Marriner-Con ASV 518); *Job (Boult-Angel S-36773);* The Lark Ascending (Brown, Marriner-Con ASV 518); *Selections from his nine symphonies, especially Nos. 1.2.3.5 (Previn–RCA, various discs); Oxford Elegy (Angel S-36699)*
Musik voll Würde mit ländlichen/dramatischen/volksliedhaften Bestandteilen; stellt den Sinn für Ordnung und Richtigkeit wieder her; ausgezeichnet zum Zuhören, stellt oft hohe Anforderungen.

Verdi – Chöre (Verschiedene Aufnahmen)
Energetisierend.

Vivaldi – Die vier Jahreszeiten (Galway–RCA RL 25 034 AW); Konzert für Gitarre in D-Dur (Yepes–DG 2563 651 IMS); Konzerte für Flöte (Rampal–RCA ZL 30 624 EX); Geistliche Musik

(Negri—Ph 6780 007); Gloria (Willcocks—TIS ZRG 505 AW); Konzerte für Orgel (Kuentz—DG 2530 652 IMS);

Sehr therapeutisch wirkende Musik; lebendig und hell; gut zur Klärung; hilft bei Überarbeitung.

Wagner — Die Meistersinger, Ouvertüre und Vorspiel; Parsifal, Vorspiel und Karfreitagszauber; Lohengrin, Vorspiel zum 1. Aufzug; Der Fliegende Holländer Ouvertüre (für die gesamte Auswahl: suchen Sie nach Wiedergaben von Furtwängler, Walter und Klemperer für Tiefen in dieser Musik; Stokowski's Version bringt Farbigkeit und Größe — verschiedene Aufnahmen)

Mächtige, fordernde Musik; hochfliegende Werke, die erhebend und umfassend sind; Parsifal ist gut für geistige Vertiefung und Andacht.

Weber — Symphonien Nr. 1 und 2 (Marriner Con ASV 515); Ouvertüren (Dorati—Ph 6527 071)

Sehr anregende und aktivierende Musik.

Yardumian — *Songs of the Soul and Heart (Brusilow-HNH-4043)* Prächtig!

2. Eine Auswahl leichterer Musik

Adoro — *Domingo (Columbia FM-37284)*
Einige wunderschöne Liebeslieder für Tenor und Orchester.

Ancient Shepherd Pipes *(Hillel-Folkways-FW-8724)*
Geheimnisvoll und lieblich.

Anderson, Hans Christian *(Danny Kaye, Jenkins—MCA 148)*
Freundliche Musik und eine schöne Geschichte für Kinder und Erwachsene.

Anderson, Marian — *Spirituals (RCA-AVM 1-1735)*
Sehr therapeutisch; schöne Gesänge; ein tiefes, frommes Erlebnis.

Avenging and Bright *(Charles Guard, Celtic harp-Shanachie 79014)*
Lebhafte und energetisierende Musik; gut, um Lethargie zu erleichtern.

Beauty of Maori Song *(Kiwi SLC—122)*
Seelenvolle Gesänge und Lieder aus Neuseeland, teilweise von mantrischer Qualität; einige Lieder sind sehr aktivierend, andere nachdenklich.

Best Years of Our Lives *(Entr'acte—8101)*
Erheiternd.

Bernstein, Elmer — *Themes from General Electric Theatre (Columbia ACS—8190)*
Einige hübsche Melodien, zeitweilig ruhig, aber meistens energetisierend.

Bok, Gordon — *Peter Kagan and the Wind; Bay of Fundy; Sea Djiril's Hymn (Folk Legacy FSI 44; FSI 54; FSI 48)*
Sanfte Stimme; Musik, die beruhigt.

Born Free, Filmmusik *(MGM—4368—ST)*
Wunderbar und bewegend; afrikanische Rhythmen sorgen für größere geistige Konzentration.

Brother Sun, Sister Moon, Filmmusik *(Paramount Co 64-93393)*
Außerordentliche gute Filmmusik; einiges vokal (italienisch), einiges instrumental, vermittelt das Leben des Ill. Franz von Assisi.

Carolan's Receipt *(Derek Bell, Irish Harp — Shanachie-79013)*
Lebendige und fröhliche Klänge.

Collins, Judy — Colors of the Day (ELK 42110)
Melodische Liebeslieder und Balladen; gefällige Instrumentalbegleitung; zart; regt die Phantasie an.

Caravans, Filmmusik *(Epic-35787)*
Exotische Filmpartitur, die konzentrierende Rhythmen und Melodien beinhaltet; außerordentlich energetisierend und teilweise nostalgisch.

Chants of Yogananda *(Haridas, piano-Living Joy, 14618 Tyler Foote Rd., Nevada City, CA 95959)*
Andächtige, freudige Musik voll Lobpreis und Frömmigkeit.

Chariots of Fire, Filmmusik *(Polydor-6335)*
Sehr kraftvolle Musik; gut geeignet zur Behandlung von Unentschlossenheit und Lethargie.

Nat King Cole — *Stardust; When the World Was Young (K-tel-PTP-2058-A)*
Außerordentlich entspannend, nostalgisch; gut, um Spannungen abzubauen.

Denver, Domingo — *Perhaps Love (CBS—37243); Seasons of the Heart, Denver only (RCA AFL 1-4256)*
Dies ist eine wirklich liebliche Musik; melodisch, inspirierend und mit anregenden Texten; gut geeignet, um Depressionen und Selbstmitleid zu mindern.

Dexter — *Golden Voyage I, III, IV* (Awakening Productions, Culver City, CA)
Musik, die die Atmosphäre klärt, reinigend und erhebend sowie entspannend; Synthesizer, Laute aus der Natur, usw.

Dr. Schiwago, Filmmusik (6.28135 DP)
Enthält das bekannte „Lara's Theme" und viel inspirierende Musik.

Danny Boy *(White, Gerhardt-RCA ARL 1-3442)*
Irische Balladen, einige belebend, andere Melancholie und Nostalgie ausdrückend.

Diamond, Neil — Jonathan Livington Seagull (69047 CBS)
Schleierhafte Musik, die sowohl inspiriert als auch fesselt, in einigen Teilen sehr sanft, in anderen kraftvoll.

The Empire Strikes Back, Filmmusik (2394 257 RSO)
Kraftvolle Musik, die das ganze Körpersystem energetisiert.

E. T., Filmmusik *(MCA—6109)*
Musik — zwischen Geheimnis und Kraft; in den dynamischeren Teilen gut zur Inspiration.

Environments — *Psychologically Ultimate Seashore, Optimum Aviary (Syntonic Research SD—66001)*
Beruhigende Klänge; gut zur tiefen Meditation.

Echoes of a Waterfall *(Drake-Hyperion A-66038)*
Romantische Harfenmusik des 19. Jahrhunderts, transparent; vermittelt Aufgeschlossenheit; energetisierend und entspannend.

Evening Bells *(Gedda-Seraphim S-60225)*
Prächtige russische Balalaikaklänge und Volkslieder.

Fiedler, Arthur — *Those Were the Days (RCA LSC-3261)*
Nostalgische Lieder von gestern; gute Stimmung; inspirierend.

Flagstadt, Kirsten — *Great Sacred Songs (London OS-25038)*
Inspirierende, fromme Hymnen und Kirchenlieder, besonders Parrys „Jerusalem."

Flowers from the Silence — *(David and Amanda Hughes-Vedic Research Institute, 415 S. Bernardo, Sunnyvale, CA 94068)*
Ruhige Musik; orientalische Atmosphäre, zeitweise etwas finster, doch zwingend und meditativ; Klänge aus der Natur sowie verschiedene zeitgenössische Klänge.

Floating Petals ... Wild Geese ... The Moon on High, *music for Chinese pipa (Nonesuch H-72085)*
Erhebend, klar, häufig freudig und bejahend.

For a Child's Heart *(Synergetic Media, SMC-7801)*
Wunderschöne Lieder für Kinder; fröhlich und sehr andächtig.

Fox, Virgil – *Heavy Organ at Carnegie Hall (RCA ARD 1-0081)*
Kraftvolle Orgelmusik von Bach, energetisierend und erhebend.

Fiddler on the Roof, *Filmmusik (RCA LSO-1093)*
Festmusik, von Grund auf energetisierend.

Galway, James – Song of the Seashore (RL 25253 RCA); *The Long White Cloud and Waiata Poi (RCA-AFL 1-4063)*
Flötenmusik aus dem Orient und Neuseeland – poetisch, nostalgisch, zart.

Garfunkel – *Angel Clare (Columbia KC-31474)*
Ich liebe besonders die Wiedergabe von „Barbara Allen", sehr schmeichelnd und warm.

Gibson, Dan – *Solitudes (Dan Gibson Prod., Box 1200, Station Z, Toronto, Ontario M5N 2Z7, Canada)*
Therapeutisch außerordentlich wirksame Klänge aus der Natur: seichte Ströme, gurgelnde Bäche, leichte und heftige Brandung, Klänge aus der Prärie, aus den Rodwood-Wäldern etc. Diese Musik ist auch geeignet zum Träumen und Entspannen. (6 Platten)

Glorious *(Abraham Kaplan-North American Liturgy Resources, Phoenix, AZ 85029)*
Feierliche Psalmen.

The Good, the Bad and the Ugly, Filmmusik *(Liberty LO-05172)*
Eindringliche und beschwörende Musik, die Gedanken an den Westen, die Wüste und an die Echos von den Kanyonwänden hervorruft. Musik zum Entspannen.

DeHartmann – *Journey to Inaccessible Places (P.O.Box 5961, Grand Central Station, New York, NY 10163)*
Geheimnisvolle Musik, oft hypnotisch in ihren Rhythmen, suggeriert Landschaftsbilder.

Hoffmann – Musik für Glasharmonika (30 SL 4114 BM)
Exotische Klänge, die sowohl antike Gefühle als auch Zeitlosigkeit suggerieren.

Horn, Paul – *Inside the Taj Mahal (Epic BXN-26466)*
Wunderbar meditative Musik; einige Teile für Soloflöte haben die fließende Atmosphäre, die den Zuhörer zu einem höheren Bewußtsein führt.

Hymns Triumphant *(Holdridge, arranger-Birdwing BWC-2023)*
Wunderschöne und fromme Arrangements; viele große Hymnen; kraftvolle Choräle; erzeugt inneren Auftrieb und Andacht.

The Incas *(Philips 6620-040)*
Musik aus Südamerika; festliche, strenge Rhythmen; kraftvoll; sehr melodisch und energetisierend.

Iasos — *Angels of Comfort (Inter-Dimensional Music, Box 594, Sausalito, CA 94965)*
Fließende Musik für Synthesizer; erhebende Musik, die nicht weit weg führt, sondern in der Gegenwart bleibt; stellt keine Fragen an den Zuhörer; vermittelt Frieden.

Ice Flowers Melting — *Finnish Folk Harp (Fortuna Records, 11 Kavon CT., Novato, CA 94947)*
Kristallklare Klänge erzeugen Gefühle von Transparenz und Klarheit.

Javanese Court Gamelan *(Nonesuch H-72074)*
Exotische Gongklänge und balinesische Musik, die voll Lobpreis und Verehrung ist; stimuliert das gesamte System.

Jackson, Mahalia — Hymns *(Folkways FTS-31102)*; Amazing Grace (125.402 Inter)
Musik die Gott lobt; sie offenbart ein großes, liebendes Herz; tief andächtig.

Kelly-Halpern — *Ancient Echoes (SRI-783-H)*
Musik, die beruhigt und konzentriert; gut geeignet, um Hyperaktivität zu erleichtern. Ich persönlich liebe die nicht-gesangliche, reine Harfenmusik am meisten.

Kennedy, Calum — *Scottish Songs (Golden Hour GH 593)*
Musik, voll Energie und Wärme; erzeugt Wärme und Freundlichkeit.

Kleinsinger — *Tubby the Tuba (Jenkins-MCA-148)*
Die Geschichte und die Musik wirken zusammen, um Freude und Humor zu erzeugen; bringt Auftrieb.

Lanza — *I'll Walk with God (RCA-LSC-2607 E)*
Eine Stimme voll Inbrunst und Andacht, Musik, die inspiriert und Auftrieb gibt.

Liberace — *The Best of Liberace (Decca 73-7209)*
Musik voll Üppigkeit, Brausen und geistiger Kraft.

Lee, Jonathan — *In His Loving (J. Lee, 1136 2nd St., Suite 4, Encinitas. CA 92024)*
Ich habe Mr. Lee Lieder voll Andacht singen gehört; Wärme und Großzügigkeit sind in seiner Stimme.

Lee, Gabriel — *Oriental Sunrise (Celestial Spaces — Plumeria, Box 54, Kailus, HI 96734)*

Musik für Koto; meditativ, entspannend, umfassend: gut geeignet, um Hyperaktivität zu erleichtern.

Lutunn Noz — *Celtic Music for Guitar (Musical Heritage Society 5577)*

Wunderbar erhebende Musik, zur Befreiung von Beklemmungen, ebenfalls geeignet um Langeweile zu vertreiben.

Lyre Bird *(Concorde, Hastings, New Zealand JD 202)*

Die Lieder des Leierschwanzes sind beschwörend und exotisch; es gibt viele verschiedenen Lieder in verschiedenen Stimmungen und Farben; ich finde diese Musik sehr stimulierend und hilfreich bei Lethargie.

Malotte — *The Lord's Prayer (Mormon Tabernacle Choir — Columbia MS-6367)*

Musik, die erhöht und inneren Auftrieb gibt; geeignet, um die Verehrung und Hingabe an Gott und Christus zu vertiefen.

Mantovani — Verschiedene Platten, besonders: *Evening Star (London 921)*; Mantovani's Golden Hits (800 085 - 2ZP Dec)

Gefällige, beruhigende Musik; teilweise sehr geradlinig, dadurch Stabilität erzeugend.

Misa Criolla *(Philips Sequenza 6527136)*; **Misa Luba** *(Philips Sequenza 6527137)*

Moderne Auffassungen der Messe, mit exotischer Atmosphäre und energetisierenden Rhythmen.

McDonald, Susann — *World of the Harp (Delos-DMS-3005)*

Wunderbar zur Klärung; die Harfenklänge und die hier gespielten Melodien helfen einem sofort, innerlich frei zu werden.

Montoya, Carlos — *Malaguena (RCA AFL-12380)*

Zwingende Gitarrenmusik, abwechselnd zwischen nachdenklichen und nach innen gerichteten und strengen, sinnlichen Rhythmen; gut, um das gesamte System zu läutern.

Morgan, Melissa — *Music to Sooth and Relax, solo harp (Box 4024, San Diego, CA 92104)*

Musik in verschiedenen Stimmungen, manchmal kräftiger, dann wieder räumlicher und indirekter; im allgemeinen mindert sie starken Druck und Spannungen.

Murooka — *Lullaby from the Womb (Capitol ST-11421)*
Musik, die beim Geburtsprozess helfen kann; Dr. Murooka bringt gute Musik für Schwangerschaft und schließt den Klang eines mütterlichen Herzschlages bei der Musik mit ein.

Musik für Mandoline und Gitarrenensemble (Hladky—FSM 34 239 STV)
Sowohl wohltuend als auch erschütternd; zur Energetisierung geeignet.

Music for Zen Meditation *(Verve 16-8634)*
Geheimnisvoll sich enthüllend, wie Blütenblätter.

National-Hymnen, besonders Star-Spangled Banner (5701 536 Fon)
Kraftvolle Melodien und anregende Rhythmen, gut, um Lethargie und Langeweile zu überwinden.

New Troubadours — *Winds of Birth (Lorian Assoc., Box 1095, Elgin, IL 60120)*
Lieder des neuen Wassermann-Zeitalters von Brüderlichkeit, geistiger Zusammenarbeit und Freude; nimmt alle Barrieren von Starre und Blockade.

Norman, Jessye — N. J. singt geistliche Lieder (6514151 Phil)
Kraftvolle, fromme Musik; ich liebe besonders die bewußtseinsweckende Wiedergabe von Gounods „Sanctus".

Nun's Story, Filmmusik *(Stanyan-4022)*
Dramatische und nachdenkliche Musik.

Our Wedding *(101 Strings-Alshire ALSC-5284)*
Musik für traditionellere Hochzeiten; sehr schön wiedergegeben.

Ortmans, Kay —*Deep Relaxation (Wellsprings, 11667 Alba Rd., Ben Lomond, CA 95005)*
Gesprochenes und Musik. Gefällige Rhythmen, die den Hörer aus Ängstlichkeit und Spannung befreien. Andere Aufnahmen in diesen Serien sind gut zur Bewegung und körperlichen Arbeit.

Oklahoma, Filmmusik (048-050706 Elec)
Wunderschöne, flotte Melodien und energetisierende Musik.

Pavarotti — Luciano Pavarotti singt neapolitanische Lieder (6.42574 AZ)
Kraftvolle und leidenschaftliche Lieder von Liebe, Freundschaft und Reflexion, öffnet das Herzchakra.

Paco de Lucia — Spanische Gitarrenmusik (6238 171 Phil)
Musik voll Kraft und Melodik; sie drückt viele unterschiedliche Gefühle aus, gut zum Träumen und zur Klärung.

Partita Teresiana *(Di Vietri, guitar solo, — Teresian Records, Box 2525, Sanf Rafael, CA 94912)*
Musik, die in einem Kloster aufgenommen wurde; voll andächtiger, frommer Schönheit; Melodien, die beruhigen und eine geistige Qualität vermitteln, die inneren Auftrieb gibt.

Phases of the Moon *(CBS M-36705)*
Traditionelle chinesische Musik, die von natürlicher und exotischer Schönheit ist, sie ist einfach und ansprechend in ihrem folkloristischen Stil, gut zur Energetisierung und, teilweise, zum Nachdenken.

Psalms of David *(Willcocks-EMI-TC-CSD-3656)*
Tief mantra-ähnlich in ihren wiederholten Kadenzen, diese frommen Melodien finden in klarer Weise ihren Weg in das Herz des Zuhörers.

Peerce, Jan — *Bluebird of Happiness (RCA-VIC-1553)*
Bewegende Solos von melodischer und emotionaler Tiefe; Peerces Stimme hat Kraft und Klangfülle; erweckt tiefe Gefühle.

Parkening, Christopher — *Bach (Angel S-36041)*
Die beliebtesten Stücke von Bach, gespielt auf einer klar-klingenden Gitarre, diese Musik ist heilend und beruhigend, sie dringt in den Zuhörer ein und bringt Klarheit.

Rodgers, Richard — *Victory at Sea (Gerhardt-Quintessence PMC 7032)*
Starke, kraftvoll zwingende Musik; bricht Blockaden auf.

Roth — *You Are the Ocean (Heavenly Music, Box 1063, Larkspur, CA 94939)*
Sehr gefällig und nicht zu anspruchsvoll; umfassende Melodien; ausgezeichnet, um in sanfter Weise Spannung zu erleichtern.

Rosewood and Silver, *guitar and flute (Nimbus Music, Box 10321, Bainbridge Island, WA 98110)*
Einige klassische Stücke, die für Gitarre und Flöte arrangiert wurden, machen diese Musik zu einem wunderschönen Experiment des Hörens. Die Stücke sind meistens beruhigend und in der Melodie gefällig.

Rampal, Jean Pierre — Verschiedene Aufnahmen
Es kann niemals falsch sein, Rampals geschmackvolle elegante Musik-Darbietung zu kaufen. Die Flötenklänge helfen, Gefühle zu entwirren und das System zu klären.

Blockflötenkonzerte — (Petri - Phil 6514 165)
Ausdrucksvoll und klärend.

Stivell — *Renaissance of the Celtic Harp (Polydor 2424-069)*
Zutiefst gefühlvolle Erfahrungen bei dieser Musik der Ozeanwellen und geheimnisvollen Melodien, die auf der Harfe gespielt werden. Zur Träumerei und Beschaulichkeit.

Somewhere in Time, Filmmusik *(MCA-5154)*
Außerordentlich befriedigend; tief romantische, umfassende, warme Musik; beinhaltet Rachmaninoff's 18. Variation aus Rhapsodie nach einem Thema von Paganini; Musik, die tiefe seelische Erinnerungen und Liebesgefühle weckt.

Sound of Music (Die Trapp-Familie), Filmmusik (26.21153 RCA)
Eines der größten Musikstücke, das jemals komponiert wurde; der „Prologue", „Climb Every Mountain", und „Edelweiß" sind besonders therapeutisch wirksam und sollten, wenn möglich, nacheinander gespielt werden; die Musik bringt Engelsfreude und starke Ströme der Ermutigung.

Spirit Alive *(Monks of the Western Priory, Weston, VT 05161)*
Zeitgenössische Lieder voll Freude und christlichem Geist; diese Lieder sind schlichte Darstellungen der Wellen der Frömmigkeit, außerordentlich geeignet, um mitzusingen, entweder allein oder mit Freunden zusammen.

Standin' Tall *(Granere, 330 Avenida Chapala, San Marcos, CA 92069)*
Wunderschön für Kinder.

Star Wars, Filmmusik, (RL 12698 RCA)
Kühne, energische Partitur, voller Spannung und Verwicklungen; ausgezeichnet bei Müdigkeit oder leichter Depression.

Sufi Choir Sings Kabir *(Shyne Sound, San Rafael, CA)*
Vermittelt eine orientalische Atmosphäre, jedoch nicht zu fremd für das westliche Ohr; ich liebe die Frömmigkeit in dieser Musik; viele wunderschöne Melodien.

Superman, Filmmusik *(Warner Brothers 2BSK-3257)*
Starke, belebende Musik, voller Dramatik und Aufregung; gut geeignet, um Lethargie zu überwinden.

Talbot, John Michael — *Come to the Quiet (Birdwing BWR-2019)*
Zeitgenössische klosterähnliche Lieder voll Frömmigkeit; ein starkes Gefühl von Einsamkeit und Kontemplation begleitet die Musik, gut zur geistigen Aspiration.

Tibetan Bells — *I (Antilles AN-7006); II (Pacific Arts Records PACR 7-110)*

Musik zur starken Konzentration; große Resonanz und kosmische Ausdehnung der gong-artigen Klänge.

Theodorakis — Music for Bouzouki and Orchestra (Galata Gal-503)
Sehr anregende griechische Rhythmen; erwecken den Wunsch, zu tanzen; geeignet, um einen aus Introvertiertheit zu reißen.

Ten Commandments, Filmmusik *(Paramount 1006)*
Epische Musik, kraftvoll und anspruchsvoll; einige leicht zu behaltende Melodien und starke Rhythmen.

Tremolo *(Tena, Ramos — Musical Heritage 972)*
Musik aus Spanien; berauschend mit ihren Rhythmen und Melodien, betont durch Tena's Kastagnetten.

Vanity Fair *(Neel-Citadel Records CT-6013)*
Die liebliche kleine Melodie „Vanity Fair" ist besonders charmant durch ihre direkte Anziehungskraft.

Winter, Paul — Callings *(Living Music Records, Box 68, Litchfield, CT 06759)*
Musik, die die Instrumente mit den Naturklängen von Tieren im Ozean vereinigt; ich persönlich mag die „jazzigen" Teile nicht so sehr, aber zumeist ist es eine sehr noble Musik, die die Würdigung und Verbindung mit der Natur vertieft.

When You Wish Upon A Star *(CBS-37200)*
Walt Disney Lieder, wunderbar die Stimmung hebend.

Whistle While You Work *(Marmon Tabernacle Choir-CBS M-35868)*
Eine wundervolle Aufnahme für den frühen Morgen; beschwingt den Tag durch Freude und Konzentration.

Windwalker, Filmmusik *(Jenson-Cerberus Records, CST-0202)*
Wunderbare Musik aus dem Westen, verbindet Melodien und Instrumentenklänge, die Paul Horns „Inside the Taj Mahal" in Erinnerung bringen und andere exotische Flötenmelodien; gut zum Nachdenken und in einigen Teilen anregend.

Yellow River Concerto *(Ormandy-RCA-ARL-1-0415)*
Wunderschöne orientalische Melodien.

You Light Up My Life *(Debby Boone-Warner Brothers BS-3118)*
Funkelndes und erhebendes Liebeslied; sehr romantisch und inspirierend; drückt Intimität und Fürsorge aus.

Zamfir, *Musik for flute of Pan (verschiedene Platten und verschiedene Aufnahmen, besonders Mercury und Philips)*

Durch den exotischen Klang der Pan-Flöte ist diese Musik ausgezeichnet zur Befreiung von Stress; ebenso regt sie die Phantasie
zur Kreativität an.

3. Weihnachtsmusik

Bach Choir Family Carols *(Willcocks-London-LDR 5-10028)*
Bach, J. S. — Weihnachtsoratorium (Thomas—EMI 197-28 583/85)
Baez — Noël (0062190 Van)
Belafonte — To Wish You a Merry Christmas (26.21166 RCA)
Berlioz — *L'Enfance du Christ (Martinon-Nonesuch H 73022)*
Casals — *El Pesebre, The Manger (Casals-Columbia M 2-32966)*
Chadwick — *Noël, from Symphonic Sketches (Hanson-Mercury
75050)*
Charpentier — Pastorale de N.S. Jesus Christ (HM F 1082)
Christmas Eve at the Cathedral of St. John the Divine *(Westenburg-
Vanguard VSD-71212)*
Christmas Music from Kings *(Willcocks—EMI HMV-ESD-7050)*
Christmas Songs from Europe *(Ameling-Peters PLE-029)*
Christmas with the New York Harp Ensemble *(von Wurtzler-Musi-
cal Heritage MHS-5483)*
Dragon — *Lullaby of Christmas (Peck-Decca DL-78009)*
The Glorious Sound of Christmas *(Ormandy-Columbia MS-6369)*
Händel — Messias (Ph 6747 447)
Holst — *Ceremony of Carols (Willcocks-Seraphim-S-60217)*
—. *A dream of Christmas (Aston-University of East Anglia-NR
4-7 TJ)*
Ives — A Christmas Carol (Fischer-Dieskau—DG 2530 696 IMS)
The Joy of Christmas *(Crystal Cathedral: Rev. Robert Schuller —
RFJ-8101)*
Mormon Tabernacle Choir Sings Christmas Carols *(Condie-Colum-
bia MS-6777)*
On Christmas Night *(Willcocks—Argo ZRG-5333)*
Once in Royal David's City *(Willcocks—EMI-CSD-3698)*
Parry — *Ode on the Nativity (Willcocks—Lyrita-SRCS-125)*
Pavarotti — *O Holy Night (London OS 5-26473)*

Price, Leontyne — *A Christmas Offering (London OS 5-25280)*
Respighi — *Adoration of the Magi, from Botticellian Triptych (Heltay-Argo ZRG-904)*
Rosenberg — *Holy Night (Ericson—SR Records RELP-5007)*
Vaughan Williams — *Hodie (Willcocks-Angel S-36297): The Sons of Light (Willcocks-Lyrita SRCS-125)*

Anm. d. Verl.:

Da es sich hier fast ausschließlich um amerikanische Plattenaufnahmen handelt, die auf dem deutschen Markt unter Umständen schwer erhältlich sind, wurde noch eine kleine Auswahl deutscher Plattenaufnahmen zusammengestellt:

Christnacht vor 400 Jahren (BLST 6507 Bellaphon)
Der Tölzer Knabenchor singt zur Weihnacht (harmonia mundi 1020303-4)
Orff — Weihnachtsgeschichte (EMI 057-99658)
Corelli — Concerti grossi Nr. 8, Weihnachtskonzert (EMI 027-99637)
Bach — Weihnachtschoräle (Mdg E 1028)
Weihnacht der Renaissance (FSM 34 569)

4. Ein Oster-Programm

J. S. Bach — Komm, du süße Todesstunde
    —. Jesus bleibet meine Freude
Ludwig van Beethoven — Chor der Engel aus Christus am Ölberge
    Welten singen Dank und Ehre
    dem erhab'nen Gottessohn
    Preiset ihn, ihr Engelchöre
    laut im heil'gen Jubelton
Gabriel Faure — In Prayer
Charles Gounod — Sanctus, aus Cäcilienmesse
    —. Unfold Ye Portals, aus Redemption
Georg Friedrich Händel — Halleluja Chor aus Messias
Franz Liszt — Er ist auferstanden aus Christus-Oratorium
Gustav Mahler — Finale aus der Symphonie Nr. 2, Auferstehung
    Mit Flügeln, die ich mir errungen,
    In heißem Liebesstreben,

Werd' ich entschweben
Zum Licht, zu dem kein Aug' gedrungen!
Sterben werd' ich, um zu leben!

Richard Wagner – Vorspiel zum 1. Aufzug von Lohengrin, Musik
vom Heiligen Gral und vom Herabkommen der Engel aus den
Höhen.

Hugo Wolf – Morgenstimmung
Bald ist der Nacht ein End' gemacht,
Schon fühl' ich Morgenlüfte wehen,
Der Herr, der spricht: ,,Es werde Licht!"
Da muß, was dunkel ist, vergehen,
Vom Himmelszelt durch alle Welt
Die Engel freudejauchzend fliegen;
Der Sonne Strahl durchflammt das All.
Herr, laß uns kämpfen, laß uns siegen!

Weitere Empfehlungen für Ostermusik (verschiedene Aufnahmen
erhältlich)

J. S. Bach – Matthäus-Passion; Johannes-Passion; Oster-Oratorium
Anton Bruckner – Adagio aus der Symphonie Nr. 7; Adagio aus
der Symphonie Nr. 8
Paul Creston – Symphonie Nr. 3, 3. Satz: Auferstehung
Sir Edward Elgar – The Apostles
Josef Foerster – Symphonie Nr. 4: Ostern
César Franck – Les Béatitudes; Rédemption; Panis angelicus
J. Haydn – Die sieben letzten Worte unseres Erlösers am Kreuze
Alan Hovhaness – Magnificat
Giovanni Pergolesi – Stabat Mater
Randall Thompson – Alleluia
Antonio Vivaldi – Kyrie; Gloria
Richard Wagner – Vorspiel und Karfreitagszauber aus: Parsifal

5. Musik aus der Natur und den Jahreszeiten

VERMISCHTES

The Ancient Shepherd Pipes, *Israeli (Folkways FW 8724)*
A Bell Ringing in an Empty Sky, *Japanese (Nonesuch-H72025)*
Gluck, Christoph Willibald — Reigen seliger Geister (EMI 063-02 875 Q)
Peach Blossom Time, *Chinese (The Cowherds-Candide CE 31037)*
Respighi — Pini di Roma; Fontane die Roma (TIS SXDL 7591 AZ)
Song of the Seashore und andere Melodien aus Japan (Galway, Flöte—RL 25 253 RCA)
Sowande, Fela — *African Suite (Ace of Diamonds SDD 2214)*

DIE VIER JAHRESZEITEN

Carlos — *Sonic Seasonigs (Columbia PG-31234)*

Glasunow — Die Jahreszeiten (Col 0 560)
Tschaikowsky — Die Jahreszeiten (Ph 6514 292)
Verdi — Die vier Jahreszeiten aus: Die sizilianische Vesper (EMI 061-03 972)
Vivaldi — Die vier Jahreszeiten aus: Konzerte für Violine Nr. 22-25 (Ph 6527 088)

FRÜHLING

Beethoven — Frühlingssonate, Sonate Nr. 5 in F-Dur für Violine und Klavier (DG 2535 321)
Britten — *Spring Symphony (Angel S-37562)*
Delius — *On Hearing the First Cuckoo in Spring (Seraphim S-60185)*

Eto, Kimio — *Bright Morning, koto (World Pacific Records, rare)*
Hadley — *The Hills (EMI-Odeon SAN 393)*
Iasos — *Essence of Spring, including brook and bird songs (Interdimensional Music, Sausalito, CA)*
Miyagi —*The Sea of the Spring (Columbia CS 9381, rare)*
Respighi — Frühling aus: Trittico Botticelliano (EMI 065-02 826 Q, Gesamtaufnahme) *(Argo ZRG 904)*
Schumann — Symphonie Nr. 1, Frühling (DG 2530 660 IMS)
Sinding — Frühlingsrauschen aus: Stücke für Klavier Nr. 3 (Dec 6.42 826 AH)
Strawinsky — Le Sacre du Printemps (DG 2530 635)
Strauss, Johann — Frühlingsstimmen (CBS 61 135)

SOMMER

Beethoven — Symphonie Nr. 6, Pastorale (DG 2531 312; DG 2535 305)
Brahms — Symphonie Nr. 2 (DG 2535 292)
Debussy — Printemps, La Mer (CBS 75 533)
Delius — *Florida Suite: A Song of Summer; Summer Night on the River; In a Summer Garden (Seraphim S-60212)*
D'Indy — Les Poèmes des Montagnes (DC Gal 30 199)
Dvořák — Waldesruhe (Ar 201 867-425)
Honegger — Pastorale d'Eté (Ar XH 87 604 K)
Hovhanness — *Mysterious Mountain (Rca AGL-1-4215)*
Kodaly — Sommerabend (DG 2543 809)
Rimsky-Korssakoff — Die Mainacht (FSM 34 689)
Schoeck — Sommernacht (Con GS 1010)
Sibelius —Symphonie Nr. 6 (DG 2535 319)
Song of the Seashore (Galway — RL 25 253 RCA)
Vaughan Williams — *Sympony No. 3, Pastoral (Angel S-36532)*

HERBST

Grieg — Notturno aus: Lyrische Stücke (DG 249 155)
Ives — *The Pond (CRI 163)*
MacDowell — *Autumn Leaves (Philips 950095)*

Porter − *New England Episodes (Desto 7123)*
Prokofieff − Herbstskizzen (TIS SXL 6768 AW)
Strauss, R. − Aus Italien (BM 1625)
Thomson, V. − *Autumn (Angel S-37300)*
Vaughan Williams − *In the Fen Country (Angel S-36532)*; The
  Lark Ascending (Con ASV 518)

WINTER

Grieg − Konzert für Klavier (DG 2531 284)
Sibelius − Symphonie Nr. 4 (DG 2535 359); Der Sturm (Con SLT
  33 203)
Strauss, R. − Eine Alpensymphonie (CBS 37 292)
Tschaikowsky − Symphonie Nr. 1, Winterträume (DG 2530 078)
Vaughan Williams − *Sympony No. 7, Antarctica (Angel S-36736)*

6. Zusätzliche Musik für Kinder

VORGEBURT UND KLEINKINDZEIT

„Im Keim, wenn das Leben zu erwachen beginnt, ist Musik die Nahrung der Seele; sie murmelt in sein Ohr und das Kind schläft; die
Klänge sind die Begleiter seiner Träume − sie sind die Welt, in der
es lebt." (Bettini)

Bach, J.S. − Zwei Konzerte für Flöte (Galway-RCA RL 25 119 AW)
Barry, John − *Somewhere in Time*, Filmmusik *(MCA 5154)*
Brahms − Wiegenlied aus: Lieder op. 49, Nr. 4 (Ph 6514 263)
Debussy − Clair de lune aus: Suite Bergamasque Nr. 3 (CBS 71 005)
Dexter, Ron − *Golden Voyage I, III, IV (Awakening Productions,
  Culver City, CA)*
Humperdinck − Abends, will ich schlafen gehn aus: Hänsel und
  Gretel (Ar XB 28 698 K)
Koto Flute *(Ransom Wilson, flute, and koto orchestra-Angel 4 XS-
  37325)*

Mozart – Konzert für Klavier Nr. 21, langsamer Satz (DG 138 783)

Pachelbel – Kanon in D (EMI 063 -02503)

Roth – *You are the Ocean (Heavenly Music, Box 1063, Larkspur, CA 94939)*

The Story of Celeste *(Cricket Records CR-16)*

World of the Harp *(Susann McDonald-Delos DMS-3005-D)*

3 – 5 JAHRE

Spielen Sie melodische Musik mit klaren Rhythmen, aber nichts schweres oder rauhes. Ermutigen Sie Ihre Kinder, eigene Instrumente anzufertigen und zu spielen; lehren Sie ihnen Rhythmus und erschließen Sie ihnen das Geheimnis der Töne. Vermeiden Sie Rock-Musik.

Bizet – Symphonie Nr. 1 und Jeux d'enfants (EMI 067-43 339 T)

Copland – *Lincoln Portrait (Veranguard S-348); Old American Songs (Columbia MS-6497)*

Délibes – Coppélia (Dec 6.35 146 DX)

Golden Slumbers, *lullabies (Caedmon TC-1399)*

Harsanyi – *The Story of the Little Tailor (Angel S-36357)*

Haydn – Symphonie Nr. 45 (DG 2531 091); Konzert für Trompete (Dec 6.42 721 BA)

Mendelssohn – Ouvertüre und Auswahl aus: Ein Sommernachtstraum (Dec 6.42 724 BA)

Musik for Recorder *(Kosofsky-Titanic 7)*

Prokofieff – Peter und der Wolf (DG 2531 388)

Rimsky-Korssakoff – Scheherazade (Ph 6514 231)

Rossini – Ouvertüren (DG 2530 559 IMS)

Snow White and the Seven Dwarfs *(Disneyland Records)*

Sousa – *Marches (London 139)*

Strauss, Johann – An der schönen blauen Donau und andere Strauss-Walzer (Dec 6.35 103 EK)

Villa-Lobos – Die kleine Eisenbahn von Caipira aus: Bachianas Brasileiras (Tel 6.42 339 AW)

Weber – Ouvertüren (Ph 6527 071)

When You Wish Upon a Star (CBS-37200)

Führen Sie ihre Kinder in die Musik vieler Länder ein und in die
Schönheit der Orchestermusik

The Black Stallion, Filmmusik *(Liberty L00-01040)*
Britten − The Young Person's Guide To The Orchestra zusammen
  mit Saint Saens Karneval der Tiere (CBS 72 567)
Diamond, Neil − *Jonathan Livingston Seagull (Diamond-Columbia
  KS-32550)*
James, Terry − *Jonathan Livingston Seagull (Richard Harris-ABC-
  DSD-50160)*
Mozart − Symphonie Nr. 41, Jupiter (DG 2531 273)
The Nonesuch Explorer Series of Music from All Over the World
  (Nonesuch Records)
Seraphim Guide to the Instruments of the Orchestra *(Seraphim S-
  60234)*
Tschaikowsky − Ouvertüre 1812 (DG 2532 022)
Three Cheers for Pooh *(Musical Heritage Soc. MHS 4617)*
Zamfir, *music for flute of Pan* (verschiedene Platten und Aufnah-
  men, besonders Mercury und Philips)

(Anm. d. Verl.:) Wir haben versucht, möglichst viele und nach unserer Auffassung möglichst gute in Deutschland erhältliche Aufnahmen der genannten Werke aufzuführen. Die Titel-Nummern dieser Aufnahmen sind normal gedruckt; wo keine deutschen Aufnahmen vorhanden waren, haben wir die amerikanischen stehen lassen
(kursiv gedruckt), diese Platten sind über den Import erhältlich.

Bibliografie

ZUM WEITEREN STUDIUM UND LESEN

Abell, Arthur. *Gespräche mit berühmten Komponisten*. Schroeder, Jörl 1982.

Assagioli, Roberto. *Handbuch der Psychosynthesis*. Aurum, Freiburg, 1978.

Cousins, Norman. *Der Arzt in uns selbst, Anatomie einer Krankheit*. Rowohlt, Hamburg 1981.

Diamond, John. *Der Körper lügt nicht*. Verlag für angewandte Kinesiologie, Freiburg 1981.

Einstein, Alfred. *Größe in der Musik*. dtv. München 1980.

Gammond, Peter. *Buch der Musik*. Tressloff, Hamburg 1974.

Johnston, William. *Klang der Stille*. Matthias-Grünewald Verlag, Mainz 1978.

Menuhin, Yehudin / Davis Curtis W. *Die Musik des Menschen*. Weber, Genf 1981.

Schafer, R. Murray. *Wenn Wörter klingen*. Universal Ed. Wien 1972.

Teilhard de Chardin. *Lobgesang des Alls*. Walter-Verlag, Freiburg 1980.

Tomphins, Peter / Bord, Christopher. *Das geheime Leben der Pflanzen*. Fischer Tb, Frankfurt 1977.

Walter Bruno. *Von der Musik und vom Musizieren*. Fischer, Frankfurt 1976.

Index

MEDITATIONS-
MUSIK

In der hektischen Umwelt westlicher Zivilisation wird das Bedürfnis des Einzelnen nach Ausgeglichenheit, Ruhe und Selbstfindung zunehmend stärker. Immer mehr Menschen suchen einen Weg, sich bei Meditation, Yoga oder anderen Übungen zu sammeln und körperlich zu entspannen. Immer mehr Künstler auch, die einen solchen Prozeß vollzogen haben, finden zu einer Musik, die den Zustand erfüllter Ausgeglichenheit fördern hilft.

Wer Interesse an solcher Musik hat, die den Menschen in Harmonie mit sich selbst und dem Kosmos bringt, findet in unserem Hamburger Laden eine umfangreiche Auswahl. Ein Katalog, den wir auf Anforderung gerne versenden, informiert ausführlich über unser breites Angebot an Schallplatten und Musikkassetten. Das Programm umfaßt u.a. Musik von Georg Deuter, Steve Halpern, Peter Michael Hamel, Paul Horn, Terry Riley, wie auch Kassetten mit Natur- und Fantasy-Klängen, Bhagwan-Meditationsmusik, Zen-Musik, Tibetanische Musik, Kompositionen von Sri Chinmoy und Gurdjieff, Indianische und afrikanische Musik. Daneben führen wir auch zahlreiche Sprechkassetten (u.a. von Thorwald Dethlefsen) und Übungsprogramme: Yoga, Autogenes Training, Meditation, Atmen, Bioenergetik u.a.

Bitte forden Sie unverbindlich unseren Katalog an.

W R A G E
S C H L Ü T E R A S S E 4
2 0 0 0 H A M B U R G 1 3
T e l. 0 4 0 / 4 5 5 2 4 0

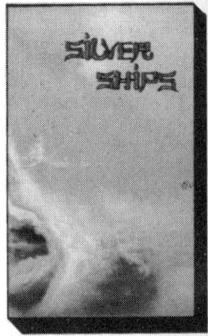

W. Teschler
DAS
POLARITY-HANDBUCH
Eine praktische Einführung in
die harmonisierende und
heilende Energie-" Massage"

124 Seiten
durchgängig illustriert
DM 12,80
ISBN 3-924624-03-8

"Das Polarity-Handbuch" stellt
eine wirksame Methode dar, in
der es darum geht, blockierte
und fehlgeleitete Energieen
wieder in Fluß und ins Gleichgewicht zu bringen und gleichzeitig
Prozesse der emotionalen
und körperlichen Befreiung
und geistigen Erkenntnis
auszulösen.
"Polarity" ist einerseits
praktische Handhabung. Durch
Auflegen und Führen der Hände
werden Energieblockaden auf-
gelöst und harmonisiert. Die
detailliert beschriebenen
Übungen und Griffe geben
dem geübten Anwender und
dem, der sich die Möglichkeiten
von "Polarity" erschließen
möchte, gleicherweise Anleitung
und Anregung.

"Polarity" ist andererseits Ver-
innerlichung, will den Menschen
zu seiner Mitte führen, es weist
einen möglichen Weg zum Eins-
sein mit sich selbst und mit der
Welt. "Polarity" ist eine Methode
der Neuen Zeit, denn überall
bahnt sich die Erkenntnis an,
daß alles Polare der Ergänzung
und Ganzwerdung dient.
Wilfried Teschlers Buch vereinigt
also Theorie und Praxis, Wissen
und Intuition, Äußerliches und
Innerliches, Greifbares und
Unfaßbares, Hand und Herz zu
einem praktischen Werk über ein
System der Körperenergie-
balance, dessen Wirksamkeit
jeder an sich selbst ausprobieren
und erfahren kann.